那些史上

不能曝光的

幕後

真

U0088093

永續圖書線上購物網　　讀品文化事業有限公司

WWW.foreverbooks.com.tw　　　　　　　　　　　　yungjiuh@ms45.hinet.net

幻想家系列　30

那些史上不能曝光的幕後真相事件簿

編　　著　陳楚明
出 版 者　讀品文化事業有限公司
執行編輯　林于婷
美術編輯　劉逸芹

社　　址　22103　新北市汐止區大同路三段 194 號 9 樓之 1
　　　　　TEL／(02)86473663
　　　　　FAX／(02)86473660
總 經 銷　永續圖書有限公司
劃撥帳號　18669219
地　　址　22103　新北市汐止區大同路三段 194 號 9 樓之 1
　　　　　TEL／(02)86473663
　　　　　FAX／(02)86473660
出 版 日　2014年10月

法律顧問　方圓法律事務所　涂成樞律師
CVS代理　美璟文化有限公司
　　　　　TEL／(02)27239968
　　　　　FAX／(02)27239968

國家圖書館出版品預行編目資料

那些史上不能曝光的幕後真相事件簿/陳楚明編著.
-- 初版. -- 新北市：讀品文化，民103.10
　　面；　　公分. -- (幻想家；30)
　　　ISBN 978-986-5808-67-9(平裝)
　　　1.中國史 2.通俗史話
　　610.9　　　　　　　　　　103016553

Chapter 1
帝王之家的黑色憂鬱

*C*hapter 2
美麗的謊言

C _hapter 3_
都是望文生義惹的錯

Chapter 4
揭開宮廷劇中的真偽

*C*hapter 5
回到古代「e」時代

Truth That Can Never Be Revealed

帝王之家的黑色憂鬱

母憑子貴有例外——
兒當太子母須死

在古代，通常情況下都是母憑子貴，嬪妃的地位與能否爲皇帝生下皇位繼承人有很大關係。

爲了讓自己的兒子當上太子，很多嬪妃之間都進行著你死我活的明爭暗鬥。若兒子當上皇位繼承人，那嬪妃的地位必然迅速提高，成爲令人羨慕的皇后、太后，如王政君、武則天、孝莊皇后、慈禧等。但是也有例外，有的嬪妃並不願意生太子，因爲她們不但不能母憑子貴，而且還會因此惹來殺身之禍，如北魏時期就是一個典型例子。在北魏的法律裡有一條很嚴格的立子殺母制度：立某皇后或嬪妃的兒子爲太子後，即賜太子母親自盡。

此做法始於漢武帝。西漢武帝年事已高，欲立年幼的劉弗陵爲太子。但是劉弗陵的生母鉤弋夫人

正值盛年，武帝擔心自己死後會出現女主專權的局面，便下令將她處死，鉤弋夫人脫掉首飾向皇上磕頭求恕。武帝命令將她拉下殿去，送入宮廷監獄，夫人臨下殿時，還頻頻回首，希望皇上能回心轉意。武帝卻揮揮手說：「趕快走，妳活不成了!」鉤弋夫人死時暴風揚起塵沙，百姓們都為她感到憂傷。但是漢武帝對周圍的人說：「從前國家之所以有變亂，大多是由於君幼母壯的緣故。女主驕慢放肆，無人能禁止，難道你們沒有聽說過呂后嗎？」

到了北魏時期，立子殺母成為一項法律制度。從道武帝開始，凡是兒子被立為儲君的嬪妃都要賜死，並且此制實行了七代，歷時一個世紀之久，不知道犧牲了多少位無辜的母親。

道武帝的寵妃劉氏，生長子拓跋嗣，拓跋嗣被立為太子後即被賜死。拓跋嗣思念母親，悲傷泣哭。道武帝安慰他說：「過去漢武帝將立太子，先殺其母。現在你既為太子，為了避免女主干政的後

患我也不得不效法漢武。」太子聽後，仍然悲傷不能自抑，所以被氣惱的道武帝趕了出去。

在北魏的歷史發展過程中，「子貴母死」的舊制發展到了鼎盛。這跟拓跋舊制有很大的關係。當時北魏尚未確立一套父子傳承的嫡庶長幼繼承制度，儲君的策立和登基往往依賴於母族的強大，可謂「母強子立」。

到了道武帝時，這種狀況有了改變。道武帝先用戰爭手段強制離散母族賀蘭部、妻族獨孤部、祖母族慕容部等大部落，後來還先後逼死自己的母親賀蘭太后，賜死太子拓跋嗣的母親劉皇后。立子殺母的舊制雖然換得了北魏穩定的君位傳承秩序，促進了拓跋部的穩定，但卻是由犧牲無辜的母親換來的。因此當時的嬪妃都不願意生太子，《宣武靈皇后》就這樣記載：「椒庭之中，以國舊制，相與祈祝，皆願生諸王、公主，不願生太子。」

孝文帝拓跋宏的父親信仰佛教，對政治不感興

趣。在拓跋宏才五歲的時候，就把皇位讓給了拓跋宏。由於拓跋宏的母親李氏在他被立爲太子就被賜死了，所以年幼的拓跋宏由馮太后撫養。可是馮氏對小皇帝非常不好，經常杖罰幼小的拓跋宏。有一次甚至在大冷天裡，把穿著單衣的小皇帝關在一間空屋子之中，三天不給他飯吃。

後來，孝文帝的愛妃林氏，因爲生下的兒子拓跋恂，被立爲太子，林氏也被賜死。妃嬪們「相與祈祝，皆願生諸王公主，不願生太子」，使得孝文帝只留下孝明帝一根獨苗。孝文帝曾求當權的馮太后廢除舊法，但被拒絕。

宣武帝元恪，篤信佛教，不忍殺生，「立皇子詡，始不殺其母」，「子貴母死」終於被取消。後宮的妃子們不再因爲而人人自危，「矯枉之義不亦過哉」！

公主墳埋葬的就是真公主

公主墳，位於北京復興門外大街的蒼松翠柏之中。1997年，知名作家、影視製作人瓊瑤到北京旅遊觀光，偶然路過公主墳，這個奇特的地名一下子吸引了瓊瑤。

她便開始打聽公主墳的由來，隨行的人簡單說起是清朝時，民間的一位女孩子被乾隆皇帝認為義女，死後便以「格格」之名葬在「公主墳」。

這個地方，上有高架橋遮掩，下有地鐵穿梭，難得的是還保留著一份鬧中取靜的悠閒青翠松柏，茵茵的綠草，似乎潛藏著思古幽情和若有若無的悵惘。

當年長眠在此的女孩子，到底是怎樣的性格、容貌？「格格」的稱號下又有哪些不為人知的

祕密……就這樣一個簡單的傳說，給瓊瑤提供了無窮無盡的靈感，讓她創作出了紅遍大江南北的《還珠格格》。當然，大家都知道，還珠格格的故事是虛構的。但是，公主墳裡面埋葬的確是貨真價實的公主。

大陸早在1965年修地鐵時，文物部門就對公主墳進行了考古挖掘，並參考歷史資料考證出，公主墳東側一座是莊敬和碩公主的墳墓，她是嘉慶皇帝的三女兒，為和裕貴妃劉氏所生，出生於乾隆四十六年十二月。她於嘉慶六年十一月下嫁蒙古親王索特納木多布濟。嘉慶十六年卒，享年31歲。

西邊埋葬的是莊靜固倫公主，是嘉慶皇帝的四女兒，為淑睿皇后所生，出生於乾隆四十九年。她於嘉慶七年下嫁蒙古土默特部的瑪尼巴達喇郡王。嘉慶十六年五月卒，享年28歲。

因清朝的祖制，公主下嫁之後，死後不得入皇陵，也不能進公婆墓地，必須另建墳墓，故北京郊

區有很多公主墳，有的地方現仍叫公主墳。因和碩公主和固倫公主是同年而亡，僅隔兩個月，所以埋葬在一處。

公主墳的墓地原有圍牆、儀門、享殿等地面建築，四周及裡面廣植古松、古柏和國槐、銀杏等樹木，顯得古色古香。

地宮均為磚石結構，非常堅固，陪葬品有兵器、蒙古刀及珠寶、絲綢等物。

另外，北京地區埋葬了歷代數以百計的公主，除了北京復興路西三環交會處的這個引發瓊瑤無限創作靈感的公主墳外，北京還有許多公主墳，如：

房山區公主墳：屬房山區大紫草塢鄉。這裡埋葬的是明成祖的長女永安公主。

朝陽區草房村公主墳：公主墳村埋葬的是清太宗皇太極十四女和碩格純長公主。她是清代唯一嫁給漢人的皇帝親女，她的丈夫是吳三桂之子吳應

熊。後來，吳三桂謀反，吳應熊及其子世霖被誅。因公主是康熙帝姑母，得到康熙帝特別慰諭。她活了63歲，死後葬於今草房村北。

駙馬
原來不好當

　　古代讀書之人，最大的願望，莫過於考中狀元，如果被皇帝看上，選爲駙馬，那可眞是天底下再難找的好事了。能成爲皇帝的女婿，公主的丈夫，駙馬自然是仕途暢通，榮華富貴享之不盡。

　　其實，我們這樣想便大錯特錯了，事實上，駙馬沒有那麼風光，當駙馬也不是一件美差，這從「駙馬」一詞的由來便可見一斑了。

　　秦始皇統一中國後經常出巡，每次出巡都前呼後擁，聲勢浩大。

　　有一次，他的車隊經過博浪沙（今大陸河南原陽）時，被一個大鐵錐襲擊，幸好只擊中副車。這一下使秦始皇吃驚不小。因此，在後來的巡遊中，他乘坐的車輛常有變換，同時安排了許多副車。他

還特地設了一個替身來掩人耳目，從此以後，歷代皇帝出巡時，都仿效秦始皇的做法，親自選定一個替身，而這個替身，又大都是自己的女婿。

選擇女婿的原因是因為女婿是皇室的人，不會損害皇帝的威儀和尊嚴，萬一發生意外，女婿是外姓，死了也不過是個犧牲品，而皇族是不會去乘「副車」的。這樣，由於皇帝的女婿擔任替身乘坐在副車上，跟隨皇帝出巡各地，後來，人們就將皇帝的女婿稱為「駙馬」，世代沿襲下來。

因此，駙馬雖能攀上皇親，卻無法擺脫「替身」的命運，甚至比公主地位都矮了一大截。

公主下嫁時，皇帝必定會為公主蓋一間新宅第，這些新宅第有些是覓地新建，有些則根本就將駙馬原先舊家拆了重建。公主下嫁，嫁妝非常豐厚。她會帶來大量的財產與官吏、官署、僕人一起進門，所以做駙馬的人住的房子就住在公主府裡，公主府的一切財富，官吏、奴僕，都是屬於公主，

由公主直接指揮，駙馬在公主府中的地位類似附庸般，完全沒有主權。

在一個以男性為中心的封建社會，缺少尊嚴的駙馬日子並不好過。

翻閱了駙馬的歷史就會發現，擔任過重要官職的駙馬人數屈指可數，他們在政治仕途上並不太順利。因為按照慣例，駙馬一般最初被指定擔任統制外的虛銜，明朝時，朱元璋進一步規定：駙馬終生不得在朝為官。

原來，駙馬並非一份好差事，不僅仕途受限，而且在妻子面前都小心翼翼，低聲下氣，遠遠不是我們想像的那樣風光。

皇子上學
艱苦卓絕

　　說起皇子，很多人立即想起了電視裡那些錦衣玉食、高貴無比的公子哥兒，以為他們衣食無憂，不用像我們現在這樣要天天上學。

　　卻不知，清代皇子也是要上學的，而且比我們現在的學校艱苦多了。

　　皇子上學的地方叫「上書房」，清道光之前，叫「尚書房」，道光年間奉旨改為「上書房」。書房位於乾清門內東側南廡門向北開，共五間。凡皇子年界六齡，即入書房讀書。一般有滿漢大學士一人或二、三人為上書房總師傅，總師傅主要職責是檢查皇子們的功課，每日都要巡查多次。設漢文師傅若干人，主要教授皇子們儒家經典；設滿蒙師傅（諳達）若干人，內諳達負責教授滿蒙

文，外諳達教授騎射。

上書房的上課時間安排比現代學校可要緊湊多了，皇子們每日寅時（凌晨3：00～5：00）來到書房早讀，卯時（凌晨5：00～7：00）開課，午時（11：00～13：00）下課。沒有寒暑假，老師和皇子都是全年無休的，只有在各大節日，如元旦、端午、中秋、皇帝的生日等才會放一天的假。

康熙時上書房在暢春園「無逸齋」，之所以稱「無逸齋」就是要告訴皇子們要無逸，不能閒著，不能貪玩，不能貪圖享樂。

《康熙起居注》是這樣記載皇子的上學情況的：凌晨三點到五點，皇子們就要到無逸齋，開始複習前一天的功課，要一個時辰的時間。皇太子在這個時候才13歲，凌晨三點鐘就要到無逸齋書房，那他起床時間當然比這時候更早。

卯時，就是凌晨五點到七點，滿文的師傅、漢文的師傅到了上書房，到了之後先對皇太子實行跪

拜的禮節，然後就檢查皇子們功課，讓皇子背書，皇子朗朗背誦，一字不錯。之後再幫他劃下面一段，接著背下面一段。

辰時，就是早上七點到九點，這個時候學生上課已經過了四個小時了，康熙下了朝就來到無逸齋，皇子們齊聚到外面臺階下面迎接康熙。康熙落座之後就讓皇子們背書。康熙拿出書來隨便點一段，皇子就背，背時要一字不錯。

康熙說，我小時候讀書要朗誦120遍，之後還要背誦120遍，完全熟練了，然後再換下一段，這樣一段一段地學。這時候有大臣說背誦100遍是不是就可以了？康熙說必須背足120遍。檢查完之後，康熙才處理政事去了。

巳時，就是九點到十一點，這個時候，記載中這一天已經是伏暑熱天，但是皇子讀書的時候，要正襟危坐，不許拿扇子，更不許搖扇子。這個時辰是練字時間，每一個字要寫100遍。

午時，就是十一點到一點，到了午飯的時候，侍衛送上飯來，吃完飯之後不休息，繼續前頭功課。

未時，就是一點到三點，這時候皇子們得到無逸齋外面的院子裡練習騎射、武藝。

申時，就是十五點到十七點，康熙又到無逸齋再次檢查功課，還讓這些皇子們背，幾個皇子排著隊一個一個背。

酉時，就是十七點到十九點，這節課是在無逸齋外面練習射箭，康熙先讓皇子們一個一個射，之後讓那幾位師傅一個一個射箭，最後康熙自己射箭，史書記載「連發連中」，功課完了之後才放學。

從凌晨三點到晚上七點，請注意，不是一天，是天天如此，叫做「無間寒暑」。可見，皇子也不是想像中那麼好當的，出生在帝王之家也更是要經過艱苦的上學時光。

獨臂神尼
並無武功

在民間傳說中，有一位武功超凡的獨臂女尼，乃是明末崇禎皇帝的女兒長平公主，曾與袁崇煥之子有過婚約，但因為國破家亡，被父親砍去手臂後流落民間。懷著深仇大恨的公主從此斬斷兒女情絲，遍訪名山，拜師學藝，終於練就了一身過人的武功，誓要為父母報仇雪恨。人稱獨臂神尼九難，即《鹿鼎記》中的九難。

傳說獨臂神尼九難收了八個天下無敵的徒弟：了因、黃仁父、李源、周潯、白泰官、路民瞻、甘鳳池、呂四娘。呂四娘後來潛入深宮，刺殺了雍正皇帝，輾轉為師父報了家國之仇。這八個了不起的徒弟，被稱為「清初八大俠」而威震天下！

其實，真實的長平公主並沒有這麼好的命。袁

崇煥督師也沒有這麼好的命，他死的時候，兒子還沒有出生呢，又如何去跟長平公主訂婚約？

歷史上真實的長平公主名叫朱嬡娖，生於西元1628年，是崇禎皇帝的第二個女兒，也是六位公主中唯一長大成人的一個，十六歲時被封爲長平公主。

崇禎對女兒很疼愛，雖然國事繁重，但還是爲她挑選了駙馬——狀元周顯。由於處在大明王朝的風雨欲倒的動盪之際，長平公主與周顯的婚期一拖再拖，始終無法舉行婚禮。

李自成攻破北京城的時候，崇禎爲了不讓宮中後妃和公主受到淩辱，決定殺死她們。在用劍砍殺長平公主之時，悲曰：「汝何生我家！」崇禎一劍砍下，長平公主用左臂一擋，左臂頓時被砍斷，立時昏厥。崇禎以爲其死，就沒有再砍第二劍。隨後，崇禎自縊於北京煤山的一棵樹上。

清軍引兵入關後，爲了籠絡人心，多爾袞下令

為崇禎帝哭靈三日，上諡號懷宗端皇帝，後來又改稱莊烈湣皇帝。與此同時，將他和周皇后的棺木起出，重新以皇帝之禮下葬，葬在昌平明皇陵區銀泉山田貴妃陵寢內。

看著父母終於入土為安，國破家亡的長平公主也有了一絲安慰。但是，在清順治二年，長平公主知道自己的弟弟「太子慈烺」在南京被堂兄朱由崧監禁的消息後，再次陷入絕望，遂向順治帝上書，說：「九死臣妾，踽踽高天，願髡緇空王，稍申罔極。」希望自己能夠出家為尼，斷絕這塵世間的哀傷悲痛。

然而，為了讓漢人歸心，以反襯弘光帝虐待崇禎子嗣的惡行，順治帝不但不許公主出家，而且還讓她與崇禎為她選定的駙馬周顯完婚，並且同時賜予府邸、金銀、車馬、田地。身不由己的長平公主接到這道詔命後淚如雨下，痛哭流涕。但是不管她願不願意，隆重浩大的婚禮還是如期進行。

婚禮之後，僅僅過了幾個月，長平公主又得到南京城破、獄中「朱慈烺」乃是假冒的消息，心靈重度受創，苦苦支持她的精神支柱瞬間徹底崩潰。

　　幾個月後，長平公主便在萬念俱灰的哀怨中病逝。時為順治三年，年僅十八歲，死時尚有五個月的身孕。

　　長平公主短暫的人生就到此結束，她一生沒有做過什麼好事，但也沒做過什麼壞事，只是她的命運起伏太大，超出了她能夠承受的範圍。

　　終歸而言，她也只是一個時運不濟的弱女子。她一生都沒有踏出過北京城一步，而且纏了一雙小腳，也就不可能修習高超武功，更不可能在《鹿鼎記》中教韋小寶武功了。

貴妃已死
何曾逃往日本

蜀江水碧蜀山青，聖主朝朝暮暮情。

行宮見月傷心色，夜雨聞鈴腸斷聲。

天旋地轉回龍馭，到此躊躇不能去。

馬嵬坡下泥土中，不見玉顏空死處。

　　唐朝詩人白居易的這首《長恨歌》形象敘述了
唐玄宗與楊貴妃的愛情悲劇。詩人藉歷史人物和傳
說，說了一個優美動人的故事，並透過塑造的藝術
形象，再現了現實生活的真實，感染了千百年來的
讀者。但是此詩在給人唯美藝術享受的同時，也讓
很多人想入非非，甚至有人就因這首類似神話故事
的名詩，推斷楊貴妃沒有死在馬嵬坡。

　　日本知名女星山口百惠2002年接受訪問時，

還曾宣稱自己是楊貴妃的後代。於是有人開始出來
說，日本不僅有楊貴妃的墳墓和塑像，而且現今還
有個稱為「楊貴妃之鄉」的久津村。於是，很多人
開始相信一個久遠的傳說：當年楊貴妃在馬嵬坡兵
變的形勢逼迫下，是由一名侍女代替她去死了，真
正的楊貴妃則在遣唐使的幫助下，乘船離開了大
唐，輾轉到了今日的日本山口縣久津村。

美人之死讓很多人都覺得惋惜，更何況是楊
貴妃。但是，她並沒有因人們的美好幻想逃過那一
劫，更沒有逃到日本，她的確是已經死了。

據史料記載，西元755年11月，節度使安祿山
詐稱「有密旨，令祿山將兵入朝討楊國忠」，兵起
范陽。同年12月，遂攻陷東都洛陽。

當時，深受唐玄宗寵愛的楊貴妃兄妹犯了一個
大錯誤──得罪了太子。據《舊唐書‧後妃傳》記
載：「河北盜起（即『安史之亂』），玄宗以皇太
子為天下兵馬元帥，監撫軍國事。國忠大懼，諸楊

聚哭，貴妃銜土陳情，帝遂不行內禪。」

這樣一來，本來以為可以藉機登上皇帝寶座的皇太子李亨，從此恨透了楊貴妃兄妹，也為後來的貴妃之死埋下了伏筆。

西元756年5月，玄宗皇帝舉眾西逃。只因安祿山率兵追殺，走得匆忙，所以只帶走了貴妃，韓國、虢國、秦國三夫人及太子李亨，楊國忠、韋見素、高力士等人。倉皇中的楊貴妃、楊國忠等人絲毫沒有注意到，太子李亨已經將護駕的禁軍大將陳玄禮及其所統率的護駕禁軍收買。

據史料記載，逃離長安後的次日，玄宗一行來到了距長安百里之遙的馬嵬驛（今陝西興西）。當時李隆基、楊貴妃二人正在驛內休息，驛外的隨行吐蕃使者卻因為沒有東西吃而與楊國忠爭吵了起來。這時，李亨和陳玄禮看準時機地跳了出來，向禁軍官兵宣佈：「楊國忠打算謀反。」

一些沒有完全被陳玄禮收買的士兵起先半信半

疑，但是李亨與陳玄禮指著不遠處與吐蕃使者說話
的楊國忠，煞有介事地說：「你們還不信？那你們
看，那個逆賊正與胡虜商量要劫皇上，把你們這些
人全部殺死呢！」這句話太具煽動性了，所有的人
一下子都認定楊國忠是叛賊，於是，亂箭齊發，將
楊國忠射死了。

厄運很快就降臨到了楊玉環的頭上，《舊唐
書・後妃傳》中云：「（玄宗一行）至馬嵬，禁軍
大將陳玄禮密啟太子誅國忠父子，既而四軍不散，
玄宗遣力士宣問，對曰：『賊本尚在！』意指貴妃
也。力士覆奏，帝不獲已，與妃詔，遂縊死於佛
寶，時年三十八，瘞於驛西道側。」

對於楊貴妃之死這段歷史，司馬光的《資治通
鑒》記載得更詳細：上（玄宗）杖屨出驛門，慰勞
軍士，令收隊，軍士不應。上使高力士問之，玄禮
對曰：「國忠謀反，貴妃不宜供奉，願陛下割恩正
法。」上曰：「朕當自處之。」入門，倚杖傾首而

立。久之，京兆司隸韋諤前言曰：「今眾怒難犯，安危在晷刻，願陛下速決！」因磕頭流血。上曰：「貴妃常居深宮，安知國忠謀反？」高力士曰：「貴妃誠無罪，然將士已殺國忠，而貴妃在陛下左右，豈敢自安！願陛下審思之，將士安則陛下安矣。」上乃命力士引貴妃於佛堂，縊殺之。與屍置驛庭，召玄禮等入視之。

　　殺死楊貴妃後，為使亂軍心安，玄宗還命亂軍頭子陳玄禮等人進行驗屍。有句古話叫「斬草除根」，陳玄禮肯定是最關心楊貴妃死活的人，他絕對不可能隨便就讓一個假冒的宮女糊弄過去，讓楊貴妃日後有找他報仇的機會。因此，在關係身家性命這點上，他是絕對不會允許有萬一出現的。更何況，兵荒馬亂之中，如何能找到一個跟楊貴妃如此相像的宮女？

　　根據《舊唐書・後妃傳》記載：「上皇自蜀還，令中使祭奠，詔令改葬。禮部侍郎李揆曰：

『龍武將士誅國忠，以其負國兆亂。今改葬故妃，恐將士疑懼，葬禮未可行！』乃止。上皇密令中使改葬於他所。初瘞時以紫褥裹之，肌膚已壞，而香囊猶在。」

從這段記載可以看出：楊貴妃確實死於馬嵬驛，不然李隆基就不會令中使（宦官）前去祭奠並詔令改葬。並且掘墓後發現了紫褥、香囊，這與《新唐書》中的「裹屍以紫茵」的記載相吻合。最重要的是，掘墓後，楊貴妃並非「空死處」，而只是「玉顏不見」——肌膚已壞而已。

這就足以駁斥「不見屍體」的謠傳，由此推之白居易的「玉顏不見」應理解為「屍體已腐」，而不是「不見屍體」。

屍體、紫茵、香囊俱在，楊玉環怎麼會逃往日本？怎麼可能有山口百惠這樣的後代？可見，說楊玉環逃往日本並成為山口百惠的祖先，這樣的說法，不可信。

公主琵琶幽怨多
並非指王昭君

白日登山望烽火，黃昏飲馬傍交河。
行人刁鬥風沙暗，公主琵琶幽怨多。
野營萬里無城郭，雨雪紛紛連大漠。
胡雁哀鳴夜夜飛，胡兒眼淚雙雙落。
聞道玉門猶被遮，應將性命逐輕車。
年年戰骨埋荒外，空見葡萄入漢家。

看了這首李頎的《古從軍行》之後，很多人都以為「公主琵琶幽怨多」指的是王昭君。因為據說王昭君曾被冊封為公主，而且最擅彈琵琶，並且她的故事流傳千古，為大多數人所熟知。其實，中國歷朝歷代和親的公主成百上千，又何止王昭君一個？只是，很多和親的公主都被淹沒於浩瀚的歷史

煙塵之中。這首詩裡的公主也是一位遠嫁的漢朝公主，這位公主不僅有美麗的名字，還有美麗的容貌，《漢書‧西域傳》裡還有關於她的記載。

她叫劉細君，江都王劉建的女兒。元封六年（西元前105年），漢武帝封其為公主，遠嫁烏孫國王昆莫獵驕靡，為右夫人。婚禮的風光並不能掩蓋政治聯姻的實際用意，儘管此時的西漢王朝已相當強盛，經過大將軍衛青、霍去病的徹底打擊，匈奴已經遠離漠北，可是漢武帝仍不得不採用懷柔兼武力的辦法積極打通西域各國，聯合防禦匈奴，烏孫國就是主要的爭取對象。《漢書‧西域傳》記載：「烏孫國，去長安八千九百里……不田作種樹，隨畜逐水草，與匈奴同俗。民剛惡，貪狼無信，多寇盜，最為強國。漢元封中，遣江都王建女細君為公主，以妻焉。賜乘輿服御物，為備官屬宦官侍御數百人，贈送甚盛。」

就這樣，一枝深宮裡的牡丹註定要在西域的浩

渺風沙中搖曳，沒有人眷顧她有多麼的嬌弱無助，沒有人思量她有多麼的戀戀不捨，滿朝文武都在讚頌天子高瞻遠矚的英明決策。面對父母之邦的冷漠，細君公主只有將哀怨拋向蒼涼的大地。不過，她留下了她的琵琶，還有她的幽怨，讓史書枯澀的記載變得鮮活生動起來。

相傳，細君精通音律，妙解樂理，樂器琵琶創制的直接原因，就是細君遠嫁烏孫。晉人《琵琶賦‧序》雲：「漢遣烏孫公主，念其行道思慕，使知音者裁琴、箏、築、箜篌之屬，作馬上之樂。」唐人《樂府雜錄》中記載：「琵琶，始自烏孫公主造。」

《漢書‧西域傳》裡抄錄著她的悲歌：「吾家嫁我兮天一方，遠托異國兮烏孫王。穹廬為室兮旃為牆，以肉為食兮酪為漿。居常土思兮心內傷，願為黃鵠兮歸故鄉。」

這首詩傳到漢地，連漢武帝也感慨萬千，於是

時常派特使攜帶珍貴禮物去慰問細君，想必細君也只有一聲歎息，慘然苦笑，因為金銀珠寶怎抵思鄉情深？

細君遠嫁的第二年昆莫獵驕靡就死了，其孫岑陬軍須靡繼位。按照西域風俗，新國王將繼承前任國王的妻妾。細君上書漢武帝，表示自己不願再嫁他人，而天子卻赫然命令「從其國俗，欲與烏孫共滅胡」。

自始至終，細君雖名為公主，但終究只是一枚任人擺佈的棋子，為了大一統這個冠冕堂皇的理由，作為政治的祭禮，犧牲著自己的青春年華。

細君公主在大漠悄然隕落了，她只能祈禱她的靈魂能夠回歸故鄉，實現那個「願為黃鵠兮歸故鄉」的夢想。

細君死後，另一位漢朝公主劉解憂嫁到烏孫國，延續著親善的使命。解憂公主在烏孫生活了半個多世紀，共嫁兩代三任國王，生育多個子女。後

來，烏孫國內幾經離亂與統一，國勢日下，公主上書，「願得歸骸骨，葬漢地。天子閔而迎之，是歲，甘露三年也。時年且七十，賜以公主田宅、奴婢，奉養甚厚，朝見儀比公主」。兩年後，解憂公主死，終年72歲。解憂歸漢後，又過了18年，才有眾人皆知的昭君出塞的故事。

我們讀歷史，對許多英雄人物熟記在心，如衛青、霍去病、李廣等，我們讀慣了「但使龍城飛將在，不教胡馬度陰山」，但念一念「公主琵琶幽怨多」，也別有一番滋味在心頭。畢竟，蜿蜒綿長的國界線，不僅流淌著男人的血，也曾經流淌著女人的淚。

齊桓公的下場——
竟然是被活活餓死

齊桓公，姜姓，呂氏，名小白，西元前686年與公子糾爭奪君位取得勝利，做了齊國國君。即位後的齊桓公，在管仲的輔佐下苦心經營40年，使齊國一躍成為春秋時最富有的國家；在外交上，齊桓公首先打出「尊王攘夷」的旗號，藉以團結中原各諸侯，受到中原各諸侯的信賴。他曾九次召集諸侯會盟，任盟主達40年之久，成為春秋時期最有實力的第一個盟主，文治武功盛極一時。

本以為，作為一代霸王的齊桓公榮華富貴且不論，善始善終應不是奢望，但是，誰能料想到，最先成為霸主的齊桓公，下場竟然是被活活餓死。

西元前643年，管仲病重，齊桓公到他病榻前探望並詢問國家未來之事。

管仲交代說：「易牙、豎刁、開方這三個人絕不能接近和信任。」這三人是齊桓公身邊的寵臣。齊桓公問：「易牙把他親生兒子烹了給寡人吃，表明他愛寡人超過愛他兒子，為什麼不能信任？」管仲說：「人間最大的親情莫過於愛子，他對親生骨肉都不珍惜，怎麼會愛國君呢？」

齊桓公又問：「豎刁割自己的皮肉進宮侍候寡人，證明他愛寡人超過愛自己，為什麼不能信任？」管仲說：「他對受之於父母的皮肉都不愛惜，怎麼會愛國君呢？」

齊桓公再問：「衛國公子開方放棄太子之尊到我手下稱臣，他父母死了也不回國奔喪，這表明他愛寡人超過愛父母，為什麼不能信任？」

管仲說：「最親近的莫過於父母，父母死了都不回國奔喪，這樣對待父母的人，怎能奢望他對您忠誠？」

齊桓公雖口頭應承，但是行動上卻沒有遵

從，繼續讓這三個小人在宮中主事，待到西元前643年，齊桓公患重病，易牙、豎刁等認為機會到了，便用齊桓公的名義張貼了一張佈告，禁止任何人入宮，並堵住齊宮大門，在大門前豎起一道高牆，不准任何人進出。

齊桓公病在床上，沒有一個人過問，連想喝口水都不能，這時，衛公子卻帶走千戶齊民降歸了衛國。最後，這位稱雄一世的霸主竟然被活活餓死在宮內。而齊桓公的五個兒子為了爭奪權位互相殘殺，誰也不管父親的死活。結果，齊桓公的屍體在壽宮中整整擱置了67天，屍體生了蛆也無人收葬，一代霸主竟落得如此可悲的下場。

齊桓公的晚年悲劇就像長鳴的警鐘，時刻提醒世人要注意身邊的小人，不要看到別人對自己非常好，就感動得一塌糊塗，而應用常情、常理去推理，才可以下結論，不讓小人乘虛而入。

慈禧
是否害死了光緒

　　38歲的光緒於光緒三十四年十月二十一日的傍晚，死在中南海涵元殿，世事就是這樣湊巧，不到一天，慈禧也相繼離世，年紀輕輕的光緒反而死在了74歲的慈禧的前面，這是巧合，還是處心積慮的謀害？各種謠言紛起，大多數人認為，慈禧病危時，害怕自己死後光緒重新執政，於是先下手為強。這是事實嗎？光緒帝到底是怎麼死的呢？

　　據記載，光緒37歲時在他的《病原》中說：

　　他遺精已經將近二十年，前幾年每月遺精十幾次，近幾年每月二、三次，經常是無夢不舉就自行遺泄，冬天較為嚴重。腰腿肩背經常感覺痠沉，稍遇風寒必定頭疼，耳鳴現象也近十年。可見光緒的身體一直不好。

　　而光緒二十六年（1900年）以後，他的病情不斷惡化，未見好轉。

　　關於光緒的死，歷史上也是有記載的：光緒三十四年（1908年）三月初九，御醫曹元恒在《脈案》中寫道：皇上肝腎陰虛，脾陽不足，氣血虧損，病情十分嚴重。這也就是說在治療上不論是寒涼藥還是溫燥藥都不能用，處於無藥可用的嚴重局面。而在五月初十，御醫陳秉鈞寫的《脈案》上也有「調理多時，全無寸效」的話。

　　御醫們對光緒的病已無能為力。而拖到九月，光緒的病狀更加複雜多變，臟腑功能已經全部失調，死亡只是遲早的事了。這一年的十月中旬，光緒的病情已經進入危急階段，出現肺炎症及心肺衰竭的症狀。

　　十月十七日，周景濤、呂用賓等幾名御醫會診，一致認為光緒皇帝已是極度虛弱，元氣大傷，處於病危狀態，並私下對朝臣說：「此病不出四

日，必有危險。」

十月十九日，光緒已出現胸悶氣短、咳嗽不斷、大便不通、清氣不生、濁氣下降、全身疲倦乏力的症狀。

到二十日，光緒已經是眼皮微睜，流著口水的嘴角只能輕輕顫抖。

當天夜裡，光緒開始進入彌留狀態，肢體發冷，白眼上翻，牙關緊閉，神志昏迷。

到了二十一日的中午，光緒的脈搏似有似無，眼睛直視。傍晚，光緒便與世長辭了。

從光緒去世前八年內的檔案記錄看，光緒的身體一直不好，病情也是一步步在惡化，而不是突然惡化，應屬於正常死亡。

在治療期間，最清楚光緒病況的莫過於慈禧，每次御醫為光緒看病後的病情記錄都會立刻上呈給慈禧，她可以瞭解到光緒的死已經不是一天兩天的事，而慈禧的病情是直到十月二十二日才突然

惡化，之後很快死去。所以，他們兩人的死並沒有直接聯繫。

慈禧歷來心狠手辣，狠毒無比，人們對她實在沒有什麼好感，但是直到現在，對於「慈禧害死光緒」卻都沒有確鑿的證據。

皇子並非一出生就是「皇子」

「父爲皇，子爲王」，很多人都會以爲皇帝的兒子生下來就必定能封王，實際上這是對歷史的誤解。翻開歷史細數一下，我們就能立即清楚的澄清這個誤解：

秦始皇掃平六國以後，自封爲「皇帝」，但卻沒有封他的任何一個兒子爲王。

就連他的嫡長子扶蘇，最寵愛的兒子胡亥也都只是「諸公子」的身分。

東漢時，光武帝劉秀有11個兒子，長子劉彊，初立爲太子，後被廢，改封東海王；次子劉輔，封沛王；三子劉英，封平王；四子劉莊，初封東海王，後立爲皇太子，並繼承皇位，即漢明帝；五子劉康，封濟南王；六子劉蒼，封東平王；七子劉

延，封阜陵王；八子劉荊，封廣陵王；十子劉焉，封中山王；十一子劉京，封琅琊王。

九子劉衡的最高爵位是臨淮懷公，並未被封王。

南北朝時期，南朝劉宋帝國有27個皇子，但是卻有11個皇子未被封王，並且他們11人中獲得的最高爵號就是「皇子」。

南梁時，簡文帝之子蕭大訓的爵號是「皇子」，元帝蕭繹之子蕭方等和蕭方諸的爵號分別是「皇子」和「忠壯世子」，並未被封王。

北朝、北魏時期計有皇子63人，但也有3人僅是「皇子」，未獲封王，他們分別是：道武帝拓跋珪之子子拓跋深和拓跋聰，孝文帝元宏之子元恌。

後唐時莊宗李存勖之子李繼潼、李繼嵩、李繼蟾和李繼嶢這4個人不但未獲「王」號，而且連其他任何一種爵位都未獲得。

明宗李嗣源之子李從審和末帝李從珂之子李重

吉也未被封王。

後晉高祖石敬瑭的兒子石重睿為忠武節度使，忠帝石重貴的兒子石延煦為鎮甯節度使、石延寶為威信節度使。都沒有被封王。

後漢有皇子5人，其中高祖劉知遠的兒子劉承勳為開封尹，世宗劉崇的兒子劉斌為武甯節度使，都沒有被封王。

金代有皇子54人，有5人未獲封王，他們分別是：金世宗完顏雍的太子完顏允恭，七任帝完顏允濟的太子完顏從恪、按辰完顏瑞，金宣宗完顏珣的太子完顏守忠和完全沒有爵位的兒子完顏玄齡。

元代有皇子66人，居然有60人未獲封王。

他們之中有的出任帝國下屬殖民地的總督「汗」，如太宗成吉思汗鐵木真之子察合台為察合台汗國汗；有的雖然一度被封為太子，但最終未獲皇位，如太宗窩闊台之子闊端和闊出；但更多的則既不是「汗」，也不是太子。

他們雖然都是皇帝的兒子，但卻沒有任何封爵，如成吉思汗的兒子術赤、闊列堅、察兀兒、木兒徹、兀魯察，太宗窩闊台的兒子哈剌察兒、合丹、滅裡，世祖忽必烈的兒子朵兒只、忽都魯貼木兒、鐵蔑赤等。

明代有皇子101人，但還是有12人未獲封王，他們分別是：明太祖朱元璋的太子朱標、「皇子」朱楠，明成祖朱棣的「皇子」朱高爔，明英宗朱祁鎮的「皇子」朱見湜，明憲宗朱見深的太子朱祐極，明世宗朱厚熜的哀沖太子朱載基、壯敬太子朱載壑，明穆宗朱載垕的懷憲太子朱翊鈜，明熹宗朱由校的懷沖太子朱慈然、悼懷太子朱慈焴、太子朱慈顯，明思宗朱由檢的太子朱慈烺。

清代有皇子114人，有22人沒有被封王，他們分別是：太祖努爾哈赤的兒子貝勒褚英、貝勒碩托、鎮國勤敏公阿拜、鎮國克潔將軍湯古代、和碩貝勒莽古爾塔、輔國懿厚將軍塔拜、鎮國恪僖公巴

布泰、和碩貝勒德格類、鎮國將軍巴布海、輔國介直公賴慕布和沒有任何爵位的費揚果，太宗皇太極的兒子輔國公葉布舒、鎮國慤厚公高塞、輔國公常舒、輔國公韜塞，聖祖玄燁的胤禔、簡泰貝勒胤禕、恭勤貝勒胤祐、誠貝勒胤祁，高宗弘曆的太子永璉、貝勒永璂，宣宗旻寧的貝勒奕緯。

從這些詳細的歷史資料中我們可以看出，並非皇帝的兒子就能被封王。

除了太子不必封王之外，其他皇子往往因為皇帝的寵愛與否或功勞大小而有很嚴格的等級之分，生在帝王之家的皇子也有自己的痛苦卑微之處。

Truth That Can Never Be Revealed

Chapter 2

美麗的謊言

貂蟬
只是個美麗的幻覺

　　貂蟬，中國古代四大美人之一，傳說在她快出
生的時候，村裡的桃花、杏花一夜之間全部凋謝，
等到她降臨人間，桃樹、杏樹便從此不再開花，人
們都說是因她的美勝過了桃杏之花，讓桃杏之花羞
於開放了。

　　一日，月圓之夜，已長成花季少女的貂蟬正對
月而拜，本高懸於空中的月亮竟慌忙躲進雲中，再
也不肯出來，她的美令明月都自慚形穢，於是，貂
蟬的美名便傳開了。

　　世人對貂蟬的評價很高，覺得她捨身為國有
膽識，但許多正史中並未提及貂蟬其人。在《三國
志‧魏書‧呂布傳》中只略有一些貂蟬的影子：
「卓性剛而偏，忿不思難，嘗小失意，拔手戟擲

布。布拳捷避之，爲卓顧謝，卓意亦解。由是陰怨卓。卓常使布守中閣，布與卓侍婢私通，恐事發覺，心不自安。先是，司徒王允以布州裡壯健，厚結納之。後布詣允，陳卓幾見殺狀。時允與僕射士孫瑞密謀誅卓，是以告布使爲內應。……布遂許之，手刃刺卓。」《後漢書·呂布傳》中也有類似的記載。這裡僅僅說呂布和董卓侍婢私通，也無侍婢的名字，而且也看不出這位侍婢在誅董卓的行動中有著什麼作用，容貌如何、身世來歷均無涉及。關於她的容貌，我們根本無從知曉。

後來，經過民間藝人的加油添醋，貂蟬的形象浮出水面，變得越來越生動、美麗。

唐代詩人李賀寫過一首《呂將軍歌》，其中有「榾榾銀龜搖白馬，傅粉女郎大旗下」的句子，這裡面已經有了貂蟬的影子，而且她與呂布的關係也已經確定下來。

到了元代，貂蟬的形象已經相當鮮明，元雜

劇中已有以貂蟬爲主角的戲，如：《錦雲堂美女連
環記》。戲中說貂蟬本是忻州木耳村人，父親叫任
昂，貂蟬小字紅昌，漢靈帝選宮女時被選入宮中，
專門執掌貂蟬冠，因此叫做「貂蟬」。後來，皇帝
把她賜給了並州刺史丁建陽，當時呂布是丁建陽的
養子，丁建陽就把貂蟬配給了呂布。在黃巾之亂
中，貂蟬與呂布失散而流落到了司徒王允府中。

　　到了《三國演義》中，貂蟬的出身、容貌、年
齡等交代得很詳細，並且仔細交代了一個女子如何
巧施連環美人計，使董卓、呂布父子互相爲敵的過
程。且看《三國演義》中貂蟬如何出場：「（允）
忽聞有人在牡丹亭畔，長籲短歎……乃府中歌伎貂
蟬也。其女自幼選入府中，教以歌舞，年方二八，
色伎俱佳，允以親女待之。」

　　在這裡，貂蟬的身分發生了重大的改變，不是
呂布的妻子，而是王允府中一名歌伎，且又有王允
以親女待之的淵源，爲後來王允獻美人的計策做了

充分的鋪墊。羅貫中爲貂蟬加上若干來龍去脈，使父子二人的決裂有了合理的鋪陳。

這些從無到有、從簡單至複雜的故事發展歷程，把一個有姓無名的侍婢美化爲一個傾國傾城的女中豪傑，很符合中國式的傳奇寫法。那位如夢如幻的貂蟬，原來只活在傳奇中。

李元霸

有其人，無其事

　　隨著歷史劇的播出，許多栩栩如生的英雄形象爲我們留下了深刻的印象。其中，鼎鼎有名的李元霸可謂家喻戶曉，因爲他自生下來後就沒有碰到過敵手，號稱「銅筋鐵骨」。

　　《大唐雙龍傳》雖是對歷史的「戲說」，但還是有一定的歷史依據的，不過，李元霸是有其人，而無其事，也和傳說中的「神勇」完全不一樣。

　　李元霸在歷史上是有原型的，他本名李玄霸，唐高祖李淵第四子，後人爲了避諱清康熙帝玄燁才將他改稱爲李元霸。

　　《新唐書列傳第四高祖諸子》載：衛懷王玄霸字大德。幼辯惠。隋大業十年薨，年十六，無子。武德元年，追王及諡，又贈秦州總管、司空。意思

也就是說，他什麼也沒做，而且在十六歲就夭折了

　　但是傳說中的李元霸和真人完全不一樣，在民間傳說中，他被誇得神乎其神。他是隋唐第一條好漢，「年方十二歲，生得尖嘴縮腮，一頭黃毛促在中間。戴一頂烏金冠，面如病鬼；骨瘦如柴，力大無窮。兩臂有四象不過之勇，撚鐵如泥，勝過漢時項羽。一餐斗米，食肉十斤。用兩柄八棱紫金錘，四百斤一個，兩柄共有八百斤，如缸大一般。坐一騎萬里雲，天下無敵」。當時幾乎沒有人能在李元霸馬前走上三個回合，可說趙王李元霸是打遍天下無敵手。

　　四明山李元霸擊敗反王二十三萬大軍，先後殺死名將伍天錫、宇文成都，在紫金山面對一百多萬軍隊，一對金錘如拍蒼蠅般，打得屍山血海，迫使李密交出玉璽，反王獻上降表。

　　然而他因違背師訓，殺人過多，老天爺發怒了，在他回家的路上，「只見風雲四起，細雨霏

霏，少頃虹電閃爍，霹靂交加。那雷聲只在元霸頭上轟隆隆地響，猶如打下來的光景。元霸大怒，把鎚指天大叫：『呔！你天為何這般可惡，照少爺的頭響？也罷！』把鎚往空中一撩。抬頭一看，那四百斤重的鎚掉將下來，『噗』的一聲正打在元霸臉上，他翻身跌下馬來。」一代霸王就此離世。

真正的李元霸早早地離去了，但他在民間評書藝人的口口相傳中，卻延續著輝煌的生命歷程。

穆桂英
歷史上查無此人

　　穆桂英這個名字，是巾幗英雄的代名詞。戰場上的她英姿勃發，武藝超群，就像一叢綿裡藏刺的霸王花；居家時的她溫柔賢淑、善解人意。以她為主角的《穆桂英掛帥》、《楊門女將》、《戰洪州》等都是諸多劇種的看家戲。

　　穆桂英的故事隨著楊家將的廣泛流傳而家喻戶曉，於是，人們對這一位人物的真實性更是深信不疑。

　　但是，穆桂英可曾實有其人？她的故事是否是人們虛構的？《後漢書》上曾記載山東琅琊有一個奇女子，名呂後，為統領一方的女將。《新唐書·諸帝公公主傳》上也記載，平陽公主曾帶領過「娘子軍」分定京師。

但十分遺憾的是，小說和電視劇裡大名鼎鼎
的「穆桂英」，在正史中卻隻字未提。《宋史・楊
業傳》中只收錄楊業及其子延昭等七人、其孫文廣
一人，並無一字提及女眷。倘若穆桂英確曾有過的
話，那麼，專收「義婦節婦」之事蹟的《烈女傳》
也應該會有記載。但《宋史・烈女傳》中共收了近
40名「奇女子」，她們是：朱娥、張氏、彭列女、
郝節娥、朱氏、崔氏、趙氏、丁氏、項氏、王氏二
婦、徐氏、榮氏、何氏、董氏、譚氏、劉氏、張
氏、師氏、陳堂妻、節婦廖氏、劉當可母、曾氏
婦、王表妻、塗端友妻、詹氏女、劉生妻、謝泌
妻、謝枋得妻、王貞婦、趙淮妾、譚氏婦、吳中孚
妻、呂仲洙女、林氏女、童氏女、韓氏女、王氏
婦、劉仝子妻。這其中卻沒有穆桂英的名字。

　　穆桂英這一女將形象，首次出現在民間小說
《楊家將演義》中，而到了元初，小說家徐大焯在
《燼餘錄》中，把穆桂英「嫁」給了楊宗保。小說

的寫法虛虛實實，不足為信。

穆桂英的名聲之所以越來越大，很大程度上歸因於老百姓對「楊家將」的感情。

古人說：「豹死留皮。」楊家將說的是楊業、楊延昭、楊文廣祖孫三代忠勇報國，一個個戰死疆場的悲壯感人的故事，如楊令公血灑陳家谷，楊延玉隨父戰死，楊七郎被萬箭穿心，等等。這些故事在民間已深入人心，其人物形象已經基本定位，不可能做更多修改。

要進一步塑造楊家將，只有在他們的遺孀身上做文章，把楊門女將也塑造成抗遼英雄！這也是老百姓表達愛憎的一種方式。

八 賢王
不是趙德芳

歷史劇中，一些有關大宋題材的作品裡，「八賢王」頻頻露臉，他這個人很有意思，身上總帶有一些喜劇色彩，雖貴為親王卻關心勞苦百姓。他詼諧、機智，周旋於皇帝、奸臣、楊家將等人之間，往往在最關鍵時刻出現，助國家忠良一臂之力，天子對他也無可奈何，似乎是當時朝中一位舉足輕重的人物

在京劇中他也很受歡迎，比如「包公戲」、「寇准戲」和「楊家戲」中就少不了他——「八賢王」趙德芳，幾百年來，已家喻戶曉，人人皆知。不過，趙德芳果真是「八賢王」嗎？

要說起趙德芳，歷史上是存在這個人的，他就是宋太祖的第四個兒子。

《宋史‧宗室傳》記載：太祖有四個兒子，第四子德芳被封為秦王，任山南西道節度使、同平章事等重要職務，太平興國六年（西元981年）病亡時才23歲。德芳死後，贈中書命，諡岐王，從未封、贈、追、諡過「八賢王」。他在世的時候，楊家將中老令公楊業還活著，六郎楊延昭也未任邊關統帥，這個趙德芳與楊家將沒有發生什麼關係。由此可見，戲曲、說唱、文學作品、民間傳說故事裡的「八賢王」，並不是趙德芳。

還有種說法是：八賢王應是宋太祖的皇位繼承人趙德昭（德芳之兄）。他聰明英武，喜慍不形於色，深得太祖信任，曾受「賜金簡一柄，如不法之屬得專誅戮」。

太祖傳位給皇弟太宗，德昭失去了當天子的機會，太宗雖然封他為武功郡王，朝會時位列宰相之上，但內心仍提防這位頗有韜略的姪子。尤其在太平興國四年出征幽州時，一個偶發的事件使太宗對

趙德昭更為不滿。他以充滿懷疑、忌恨的口吻說：「待汝自為之，賞未晚也！」德昭聞言，退而自刎，因為他深知在猜忌心極重的太宗手下，決不會得到善終。

人們對這位失去皇位又死於非命的皇子十分同情，就讓他化為公正無私、一忠二孝、有上殿不參、下殿不辭，上打昏君、下打讒臣特權的八賢王，幫助楊家將對付那些危害朝政的權臣。但是，德昭從未被封為「八賢王」，所以，也沒有有力的證據證明他就是八賢王。

又有人認為，「八賢王」的稱呼來自於太宗第八子——趙元伊。傳說此人「廣顙豐頤，嚴毅不可犯，天下崇憚之，名聞外夷」，當時的老百姓就給他取了個外號叫「八大王」。可是史書上對他的記載少之又少，尤其缺乏具體的事蹟。到了仁宗朝，趙元儼韜光養晦十幾年，其後因身體不佳，並沒有也不可能過多地參與朝政。況且，趙元儼生於985

年，和楊文廣是同輩，楊業死的時候他才出生一年，不可能幫助楊家。但是，他的事蹟影響、豐富了八賢王的傳說，還是有可能的。

可見，「八賢王」在歷史上找不到一個完全與之對應、吻合的人物。所以他是歷史上不存在的，他是由宋初宗室的一些軼聞，經過民間劇作家的藝術加工，加上人民群眾的感情傾向，融合而成的人物。

人們把八賢下名為「趙德芳」的原因大概是出於對他的同情。在戲中，他的出現，不僅增加了戲劇性的衝突，還滿足了人們崇敬忠臣、懲處權奸的心理要求。正因為這樣，這位虛構的戲劇性人物——「八賢王」趙德芳，才會如此栩栩如生地活在人們的印象中。

雖然，「八賢王」趙德芳是虛構的人物，但之所以這樣虛構，也有其歷史依據。

香妃
只是一隻夢中的蝴蝶

香妃，一個自異域而來，體帶異香、美豔絕倫的女子，一個極具傳奇色彩的女子。她到底是民間的演繹，還是真實存在過？滾滾紅塵，宮闕千重，香魂何在？

據傳，乾隆時期回部發生叛亂，清軍入回疆，定邊將軍兆惠俘獲一回部王妃，此女子天生麗質，更奇的是，她的身體會散發沁人心脾的異香，有人說是沙棗的香氣，於是，人稱香妃。乾隆帝對她大為傾心，執意納之為妃，為討其歡心，特在西苑建造了一座寶月樓，供香妃居住，並常親臨探視，希其順從。然而香妃性格剛烈，誓死不從，並身藏利刃，表示不屈的決心，還時常因思念家鄉而淒然淚下。

皇太后得知此事，召見香妃，問她：「妳不肯屈志，究竟作何打算？」香妃以「唯死而已」相答，太后說：「那麼今日就賜妳一死。」香妃拜謝，於是太后趁乾隆帝單獨宿齋宮之際，命人將香妃縊死。

香妃死後，乾隆帝悲傷不已，最後以妃禮將其棺槨送往故鄉安葬。一百多人抬著她的棺木，走了三年，才把她送回喀什，葬歸故里。

然而，迷人的傳說雖引人入勝，但它與歷史相去甚遠。

史載，乾隆帝先後有嬪妃四十多人，只有容妃來自葉爾羌（今新疆莎車）回部，一般認為她就是傳說中的香妃，但實際上容妃並不是被掠進宮的。因當年容妃家族反對叛亂，擁護朝廷平叛有功而被乾隆皇帝召進北京，封官晉爵，容妃的父親和哥哥為了感謝皇帝的恩德，也為表對朝廷的忠心，決定把聰明美麗的妹妹送進皇宮，服侍皇上。

全宮上下對她的印象都很好。乾隆二十六年
（1761）12月30日，乾隆帝奉皇太后懿旨，晉封和
貴人為容嬪。5月21日舉行了容嬪的冊封禮。第二
年，圖爾都被晉封為輔國公。乾隆三十年（1765）
正月，皇帝第四次南巡，容嬪和她的哥哥圖爾都隨
駕同行。皇帝的妃嬪很多，而外出陪駕的妃嬪只有
幾位。容嬪能夠隨駕，表明她在皇帝心目中的地位
很高。一路上，容嬪兄妹第一次飽覽了祖國內地的
壯美山河，大開了眼界。

　　從這裡可以看出，容妃深得乾隆帝的寵愛，不
僅隨乾隆帝南巡，還被特許在宮中著本族服裝，並
配備回族廚師。在史籍與檔案中，也未見容妃有體
散異香的記載，更無被皇太后賜死的結局。可見，
容妃並無傳說中香妃的曲折經歷，她不是香妃。

　　另外，有史料證明，乾隆帝下令在西苑建寶月
樓的目的不是為了容妃（或稱香妃），乾隆帝在他
的《寶月樓記》中講得很明白：建寶月樓是為了每

臨台南望，嫌其直長鮮遮罩，即它可起到屏障、遮擋之用。從時間來看，寶月樓建在容妃進京之前，即乾隆二十三年（1758），當時乾隆帝怎麼知道和卓氏進京並能為己所愛？所以，乾隆不會為了取悅香妃而建寶月樓。

原來，香妃只是一個人們心中的美麗女子，經過文人墨客的渲染，野史的繪聲繪色，逐漸使人們相信她的存在，至於香妃體香引來翩翩蝴蝶，死而復生，最後被小燕子和紫薇救出宮闈，則又是瓊瑤為野史續添的一筆……

「浩浩愁，茫茫劫，短歌終，明月缺，鬱鬱佳城，中有碧血，碧亦有時盡，血亦有時滅，一縷香魂無斷絕，是耶非耶，化為蝴蝶。」

虛虛實實，是是非非，香妃也好，容妃也罷，在人們的記憶裡，她就像一隻翩飛的蝴蝶，在歷史的煙塵中飛過，留下奇異和永恆的花香。

楊門女將

刀光劍影中的幻象

從京劇到電視劇的《楊門女將》都受到了廣大觀眾的喜愛，但是實際上，歷史上並不存在楊門女將。早在60年代德國的蒙哥馬利元帥就提出質疑：女人當元帥是不可能的。

在人們的傳統印象中，楊家將的組成人員是這樣的：

金刀令公楊繼業，繼業有八個兒子，其中第六個兒子名楊延昭，又名楊六郎，六郎生子名文廣，文廣之子名宗保，宗保生子名懷玉。

但是據《宋史》記載，楊業共有七個兒子，他們分別是：楊延朗、楊延浦、楊延訓、楊延環、楊延貴、楊延彬、楊延玉。

其中楊延玉隨父征戰，於陳家谷口一戰殉

國，其餘六子，延朗為崇儀副使、延浦、延訓並為供奉官，延環、延貴、延彬並為殿直。

這七個兒子除楊延玉戰死外，餘皆善終，並無流落番邦、身死奸臣之手一說。「楊家將」半真半假，「楊門女將」更是撲朔迷離。

中國古代並非像蒙哥馬利說的那樣沒有女人當過將軍，不但有過，且還有明確的歷史記載。《後漢書‧劉玄劉盆子列傳》載：王莽新王朝天鳳元年，山東琅玡呂母之子呂育因沒有按縣宰吩咐，去懲罰那些交納不起捐稅的百姓，被縣宰所殺。呂母滿懷悲憤，發誓為兒子報仇。她把家產全部拿出來，開酒店，買刀劍，置衣服，救濟窮人。過了沒幾年，她的家產全部用盡，那些窮苦農民對她萬分感激，想湊集錢物償還她。呂母不收，只哭訴道：「過去，我救濟各位，不是想得到什麼好處，只因為縣宰枉殺了我兒，我想為兒報仇雪恨！各位能助我否？」早已被王莽殘暴統治激怒的農民一聽這

話，立刻異口同聲表示，願聽呂母指揮，反對官府，為她的兒子報仇。天鳳四年，呂母登上奎山西麓的土台祭天，自稱「將軍」，率領起義大軍浩浩蕩蕩殺向海曲城。經過一番激戰，活捉縣宰，將其處死。從此，呂母名聲大振，遠近貧苦農民紛紛投奔於她。不久，起義軍發展到上萬人。

呂母的起義點燃了反抗王莽統治的火炬，並很快形成席捲全國的燎原之勢。

呂母以後，有名的女將還有唐高祖李淵的女兒平陽公主。據《新唐書·諸帝公主傳》記載，唐高祖李淵起兵反隋時，平陽公主招納南山的亡命之徒好幾百人，以回應李淵。最後，「勒兵七萬，威震關中」。

李淵渡過黃河以後，平陽公主率精兵一萬與李世民會師渭北，並開設幕府，儼然行軍主師「分定京師，號『娘子軍』」。

但是被小說和電視劇演繹得轟轟烈烈的；楊門

女將：正史裡卻沒有任何歷史記載，包括專門記載古代女性的《烈女傳》裡也沒有任何蹤跡。歷史上真實的楊家將其實名不經傳，楊門女將也只是純屬虛構，我們千萬不能把它當歷史。

李白
並非撈月而死

　　大詩人李白平生有兩大愛好：一是賞月，從「小時不識月，呼作白玉盤」開始，他從未停止過詠月，關於月亮的詩篇占他所有作品的四分之一；二是飲酒，李白一生嗜酒成性，有「醉仙」之稱，讀他的詩作時，都能聞到撲鼻的酒香。

　　正因為他對明月與酒的喜愛，讓他的死也蒙上了一層浪漫的色彩，世人都說他一日喝醉，在采古江邊，看見了水中的明月，想去撈它，結果掉入水中而亡。不否認這是一個美麗的說法，但這不是真的。

　　唐寶應元年（762年），李白去當塗投靠他的族叔、當塗縣令李陽冰，李白在死前「囑其編集作序」，李陽冰在《草堂集序》中曰：「陽冰試弦歌

于當塗，心非所好。公暇不棄我，乘扁舟而相顧，臨當掛冠，公又疾亟，草稿萬卷，手集未修，枕上授簡，俾予爲序。」唐代李華《故翰林學士李君墓誌序》雲：「姑熟東南，青山北址，有唐高士李白之墓……（李白）年六十二，不偶，賦臨終歌而卒。」

在李白去世了二十九年後，唐德宗貞元六年（791年）的劉全白《唐故翰林學士李君碣記》也說：「君名白，天寶初詔令歸山，偶遊至此，以疾終，因葬於此。全白幼則以詩爲君所知，及此投吊，荒墓將毀，追想音容，悲不能止。」

古代文獻所謂「疾亟」、「賦臨終歌而卒」、「以疾終」，都明白地告訴人們，李白是病死的。

史載唐代宗李豫寶應元年，西元762年，李白病死在他的族叔、當塗縣令李陽冰那裡，時年62歲。就在此前（761年），李光弼率大軍征討史朝

義，李白不顧61歲的高齡，還豪情滿懷地由當塗北上，希望在垂暮之年為挽救國家盡力，但行至金陵，不得不因病折回。

一年後，李白在當塗養病，病情漸漸惡化，加上常年飲酒成性，晚年境遇的悲苦淒涼，最後由病致命，十一月死於當塗。

李白的一生，經歷奇瑰，坎坷流離，愛月、愛酒，他才氣橫溢，卻命運多舛！李白在去世前曾作《臨終歌》曲，慨歎他憤懣的一生。

唐伯虎
何曾點秋香

「唐伯虎點秋香」，一個家喻戶曉的古老故事，「點秋香」、秋香「回眸一笑百媚生」的故事至今在民間廣為流傳。

周星馳版的《唐伯虎點秋香》更是塑造了唐伯虎為了追求所愛慕的女人而甘願賣身為奴的風流才子形象。人們對他的印象是：才華橫溢、風流倜儻、浪漫非凡、揮金如土。不過，唐伯虎真的點過秋香嗎？秋香在歷史上確有其人嗎？

先讓我們來看看唐伯虎其人：唐伯虎（1470～1523），名寅，字伯虎，後字子畏，別號六如居士、桃花庵主等，是一位傑出的畫家、文學家。

明成化六年（西元1470年），唐伯虎生於蘇

州，其父唐廣德是普通的蘇州市民，在蘇州皋橋開設酒肆做小生意，其母丘氏也是當地的小家碧玉。因他出生於寅年寅月寅時，故取名為「寅」，因在家中排行老大，故又稱唐伯虎。

唐伯虎自幼聰穎，過目不忘，熟讀四書五經，博覽《史記》、《昭明文選》等史籍，在文征明父親文林的介紹下，拜吳門畫派創始人沈周為師。

從「唐伯虎」的名字裡可以看出，父親希望兒子在仕途上有所作為，做個高官，光宗耀祖。

唐伯虎也沒有辜負父親的期望，在他16歲時，秀才考試便得了第一名，一時間，少年唐伯虎成了整個蘇州城議論和讚歎的焦點人物。他也自認為是「江南第一才子」。

西元1498年，唐伯虎28歲時參加應天府（現南京）鄉試，中解元（第一名），在蘇城引起了轟動，「冒東南文士之上」。可惜，好景不長，考中

解元後的第二年，30歲的唐伯虎躊躇滿志地進京參加會試，在考試過程中，他被無辜捲入一場科舉舞弊案中，吃了一連串冤枉官司，也吃了不少苦頭，在他給好友文征明的信中詳述了當時的悲慘境狀：「至於天子震赫，召捕詔獄，自貫三木，吏卒如虎，舉頭抱地，涕淚橫集。」

經過一年多的審訊，案情不明不白，最終雖未判定唐伯虎是考場舞弊案的主犯，但關係是擺脫不掉的。唐伯虎雖被釋放出獄，但經過這番折騰，已經聲名掃地，朝廷把他的「士」籍革除了。從此他科舉無門，功名路斷。

「屋漏偏逢連夜雨」，在他的事業遭受沉重打擊的時候，他的家庭也十分不幸：由於積鬱成疾，弘治七年，唐父突然中風過世。

就在唐伯虎剛剛料理完父親的喪事，還沒有完全從喪父的悲痛中解脫出來的時候，他的母親也因太悲傷的隨父親而去。短短幾天，唐伯虎連續失去

了兩位親人。但是災難並沒有就此結束，不久，心愛的妻子徐氏在生育時染病離世，緊接著，他唯一的幼兒出世後三天也死了。後又驚聞遠嫁他鄉的妹妹因意外而死，不到一年的時間裡，唐伯虎接連失去了5位親人。

料理完5位親人的後事，唐伯虎已是心力交瘁，一向剛強、豁達、豪放的唐伯虎，此時接近崩潰了。他在《答文征明書》中這樣寫道：「不意今老，事集於外，哀哉哀哉，此亦命矣……不幸多故，哀亂相尋，父母妻子，躪踣而歿，喪車屢駕，黃口嗷嗷。」意思是我太悲慘了，這些日子禍事連連都集中在我一個人身上了，父母、愛妻和孩子接踵而歿，我沒有辦法，只好一次又一次地駕起喪車，這是命啊。

科舉失敗，家庭不幸，這些打擊使唐伯虎心灰意冷，31歲的他開始落魄江湖，漫遊名山大川，足跡遍及江、浙、皖、湘、鄂、閩、贛七省，貧困之

下以賣畫爲生。

從中可以看出，真實的唐伯虎一生坎坷，貧困凄苦，與我們所熟知的「腰纏萬貫，風流浪蕩，帶些喜劇色彩」的唐伯虎形象不相符。

那麼，世人口中常說的「唐伯虎點秋香」的故事是真實的嗎？秋香又是誰呢？

歷史上是真有「秋香」這個人的。秋香本名林奴兒，字金蘭，號秋香。她是金陵妓院中的名妓，琴、棋、詩、畫樣樣精通，所以，當時「點」她的人很多。

唐伯虎有沒有點過她呢？據考證，這秋香是生於明景泰元年（1450年），比唐伯虎足足大20歲，唐伯虎不可能「點」她。

秋香是個才女，當時被譽爲「吳中女才子」，早年被迫賣入青樓，從良嫁人後還有些老主顧來找她。

她不僅拒絕了，而且還在扇子上畫了一幅畫叫

《新柳圖》，題詩曰：「昔日章台舞細腰，任君攀折嫩枝條。如今寫入丹青裡，不許東風再動搖。」說昔日任人攀折的嫩柳，如今已經像畫中的新柳一樣了，誰也不能碰它了，什麼風來它也不會動搖……所以唐伯虎肯定沒有點過！

唐伯虎十九歲時娶徐氏，後徐氏因產熱去世，二十七歲時續弦，娶了何氏。

在他落魄潦倒時，妻子何氏離他而去，此時幸有好友、九娘（青樓女子）在精神上援濟他。

後來，他娶了能幹、貼心的九娘為妻，正因為沈九娘叫九娘，人們才臆造出唐伯虎有九個老婆、有《九美圖》、有尋「八美」之說。

那麼，為什麼人們都說他點了秋香呢？「唐伯虎點秋香」的故事從何而來？

唐伯虎點秋香故事的雛形最早出現在明代的筆記體小說中。明代小說《耳談》中的故事情節和我們熟知的「唐伯虎點秋香」基本吻合。

這個故事，到了明朝末年小說家馮夢龍的手中，就變成了《警世通言》中「唐解元一笑姻緣」的故事，後來又由「一笑」演變成「三笑」，故事情節也由簡單發展到了複雜。

　　原本是「陳公子點秋香」這麼一個愛情故事，就移植到了唐伯虎的身上。

李白

真的能「鬥酒三千」嗎

說到酒，不能不提到李白，他嗜酒如命，詩才如仙，從來沒有人會懷疑他的酒量。杜甫評價他說：「李白鬥酒詩百篇，長安市上酒家眠。」他自己也曾誇耀：「烹羊宰牛且爲樂，會須一飲三百杯。」於是，在欣賞李白的絕妙詩篇時，我們也暗暗驚歎詩人的過人酒量。

事實上，李白喝的酒與我們現代的酒沒有可比性，因爲他飲的不是我們今天常見的白酒。中國的酒文化有幾千年的悠久歷史。

中國的酒以生長黴菌爲主要微生物的酒麴爲糖化發酵劑，以複式發酵、半固態發酵爲特徵。釀制的酒度數不會高過20度。所以，早期的酒在釀制方法和口感上更接近於今天的黃酒。目前流行的白酒

的釀制技術到元朝才漸漸成熟，人們用蒸餾法提高酒度可達到60~70度，明清時代，白酒才逐漸取代了黃酒，成為中國人餐桌上的主角。

瞭解了這些，我們才能明白為什麼古人動輒豪飲數升、數碗、一石兩石而不醉，武松更是連喝十八碗，因為古酒就是米酒、釀酒，度數與現今的啤酒差不多。

這也是古人喝酒向來很少用杯的原因，在詩中我們所能接觸到的量酒的標準有「斛」、「斗」、「升」、「石」等。把它們換算成現代的容量標準，我們便能知道李白到底有多能喝了。

古代中國：1斛=10石，1石=10斗=120斤，一斗也就是12斤左右，需要注意的是，這裡的斤是台斤。知道了酒的度數之後，按此推算，李白的酒量還算不錯，但與今日酒徒相比，李白的「鬥酒之量」也不算太驚人。

Truth That Can Never Be Revealed

Chapter 3

都是望文生義惹的錯

九拜
不是拜九次

　　我們都聽說過「三叩九拜」一詞，它是中國特有的禮儀之一，在電視節目中經常看到那些三叩九拜、高呼萬歲的場景。

　　在人們的印象中，「九拜」就是連續拜九次。不過，這是由於我們對古代禮法的不瞭解，才造成了這樣的誤會，實際上真實的「九拜」並非如此。

　　九拜是古代特有的向對方表示崇高敬意的跪拜禮。

　　《周禮》謂「九拜」：「一曰稽首，二曰頓首，三曰空首，四曰振動，五曰吉拜，六曰凶拜，七曰奇拜，八曰褒拜，九曰肅拜。」這是不同等級、不同身分的社會成員，在不同場合所使用的規

定禮儀。

需要注意的是，它們名稱不同，動作要領也不相同。首先，稽首的動作要領是：先跪拜，頭至手，而拱手下至膝前地上，手仍不散；再慢慢伸頭下至手前地上。稽首是拜禮中最隆重的禮節，適用於君臣之禮。

頓首又名稽顙、叩顙，也單稱顙，顙指額頭。頓首也是先拜手，而後拱手至地，頭急遽伸下，以額頭叩地。它和稽首不同的是，稽首頭至地時略有停留，動作舒緩而不顯著；頓首則頭快速叩地，動作明顯。這種方式只用於凶喪之禮，為喪事之拜中的最重者。

空首是兩手拱地，引頭至手而不著地，是拜禮中較輕者。

以上三拜是正拜。

振動的動作是先稽顙而後踊跳。也就是說，頓首拜畢起而踊跳，與哀樂節奏相應，表示十分震

恐哀慟。這是喪禮祭祀中最重的禮節，以示哀之至也。

吉拜是拜而後稽顙，相對凶拜為輕，所以雖是喪事之拜，而有吉拜之名。

凶拜是凶喪之拜，先稽顙而後拜，表示凶喪事重；常用于三年居喪期間的祭祀之拜。

奇拜之「奇」表示單數，即拜一次的意思。凡古書只言拜不言再拜，都是指奇拜說的。如拜手稽首連言，即是奇拜；如說「再拜稽首」，則是再拜，不是奇拜；如說「拜稽顙」，則是奇拜；如說「再拜顙」，則是再拜，不是奇拜。

褒拜是褒美之拜，指再拜以上拜數不一之拜。凡古書上說「三拜」、「三拜稽首」、「九頓首」，都是褒拜，以示格外崇敬褒大之意。

肅拜是女性的禮拜方式，跪而微低其頭，拱手向下，頭雖低但不到手，手雖下但不至地。

九拜禮是周秦以來中國宗法、封建社會中使用

年代最長、最頻繁的一種基本禮節，它涵蓋了古代所有的禮拜方式。

「九拜」不是拜九次，而是指在不同場合適用不同的拜法。

其中稽首、空首、頓首、振動爲拜儀之正，是常行之禮；肅拜是婦人的禮節；吉拜、凶拜因事而別，奇拜、褒拜隨禮數而變。既有吉禮，又有凶禮，既包括男子行禮方式，又包括婦人行禮方式。很明顯，一個人不可能在一次行禮中使用到全部的禮拜方式。

長跪
並非「長時間下跪」

　　曾有一則這樣的新聞標題——癡情男為挽回女友，當街長跪4小時，說的是男子堅持要用「長跪來表明決心」，挽回女朋友的心。內容且不去管它，單就標題而言，文章的作者弄錯了「長跪」一詞的真正含義。

　　長跪實際上是古人的一種坐姿，這是因為在南北朝以前，傢俱中尚無現在意義上的桌椅，人們只能席地而坐。這就出現了兩種坐姿：坐時，兩膝著地，腳面朝下，屁股落在腳跟上，這種坐式叫跪。如果兩膝著地屁股不接觸腳後跟，上身聳直，這種坐式叫長跪；又稱「跽」。如果不採用這種姿勢，而是像現在這樣兩腿前伸、屁股在後的坐姿（叫踞坐），就會帶來相當嚴重的問題——由於古人的衣

服與現在的裙子比較類似，這種坐姿難免走光，而且也不雅觀。

　　說到這裡，我們瞭解到無論是「跪」還是「長跪」，都屬於一種普通的坐姿，而並非「長時間下跪」的意思，如《戰國策‧秦策三‧范雎說秦王》：「秦王跪而請曰：『先生何以幸教寡人？』範雎說：『唯唯。』有間，秦王複請。範雎曰：『唯唯。』若是者三。秦王跽曰：『先生不幸教人乎？』」秦昭公接見範雎，先後對範雎跽五次、拜一次。一上來，他急著要聽範雎的高見，跽三次。秦王先「跪」後「跽」只不過是充分表達他求教心理的急切，或懇誠，或信服，或倚重的心理活動和思想感情，沒有也不可能有卑賤、屈辱的意思。

　　上文中的男子試圖透過長時間的下跪來挽回芳心，卻不知男兒膝下黃金，上跪天，下跪地，中跪父母！難道真愛一定要透過「長跪」來表達嗎？

三不知——
不是「三個問題不知道」

爸爸有一天問小明一道數學問題，可是小明卻一點兒也不知道。

爸爸氣極了，問：「你怎麼一問三不知啊!」

小明說：「什麼是一問三不知啊？」爸爸搖搖頭，叫他去問媽媽。

不過，小明問媽媽她也說不知道。

頓時，爸爸有了靈感，回答說：「一問三不知，就是你不知、我不知、她也不知!」

這是一個小笑話，其中的「一問三不知」是我們熟知的一個詞，意思是指什麼都不知道。在生活中，我們最怕遇到「一問三不知」的人了。那麼，這「一問三不知」果真如笑話中所說的，問了三個問題都不知道嗎？

為什麼不說「一問四不知」？這「三不知」指的又是哪「三不知」呢？其實，「一問三不知」出處《左傳·哀公二十七年》：「君子之謀也，始、衷、終皆舉之，而後入焉。今我三不知而入之，不亦難乎！」

　　相傳西元前468年，晉國的大夫苟瑤率大軍討伐鄭國。鄭國在春秋初年是個強國，後來日漸衰弱，成為一個弱小的諸侯國。鄭國君王抵擋不住晉軍的進攻，於是派大夫公子般到齊國去求救。

　　齊國也不能容忍晉國吞併鄭因而更加強大對自己造成威脅，便派名將陳成子帶兵暗中援鄭。

　　一日，屬下一部下報告陳成子：「有一個從晉軍來的人說，晉軍打算出動一千輛戰車來襲擊我軍的營門，要全部消滅我軍。」陳成子聽了大怒，罵道：「出發前國君有令，不要追趕零星的幹卒，不要害怕大批的人馬。晉軍就是出動一千輛戰車，我也不能避而不戰。你剛才的話壯敵人威風、滅自己

志氣，回國後我要報告國君。」其部將自知失言，於是感慨地說：「君子之謀也，始中終皆舉之，而後人焉。今我三不知而入之，不亦難乎？」意思是說，聰明人謀劃一件事情，對其的開始、發展、結果三方面都要考慮到，然後才向上報告，而我對這三方面都不知道就向上急忙報告，難怪我處處碰壁啊！幾天後，晉軍撤兵，陳成子也率軍回國。

從這個故事中可以理解，「三不知」指的是對開始、中間、結局全然不知。

明朝人姚福在《清溪暇筆》一書中的說法也印證道：「俗謂忙遽曰不知，即始中終三者，皆不能知也。其言蓋本《左傳》。」

「一問三不知」是指對事情從始至終三階段全不知曉，不清楚整個事件的來龍去脈。

問鼎
並非拿第一

翻開體育類報紙，我們常常能看到這樣的標題，「某某球隊提前問鼎」、「某某球隊問鼎世界盃」等等。

這些體育報導的標題都用到了「問鼎」這個詞，按作者寫的那樣，很容易讓人把「問鼎」理解成比賽選手獲得勝利、奪冠的意思。但是，其實我們都誤解了這個詞的意思。

鼎是國家權力的象徵，傳說在大禹治水後，劃神州大地為九州，他要在每個州都立一個扶正祛邪的紀念物，於是搜集天下青銅鑄成九鼎，每一鼎代表一個州。

他在每件鼎上都刻著助人行善的神、害世傷民的鬼蜮等各種各樣的形象，讓每個人都牢記這些形

象，進而可以辨識世間的一切好與壞、善與惡，讓每人以此為德行標誌，照此做人行事。從此，九鼎就成為國家政權的象徵。

「問鼎」出自《史記》：春秋周定王時，楚莊王稱霸天下，當他興兵攻打洛水流域的陸渾時，周定王派大夫王孫滿去慰勞。

楚莊王別有用心地問王孫滿九鼎輕重，王孫滿則稱：「周德雖衰，天命未改，鼎之輕重，未可問也。」意思是說：「統治天下在於德政，不在於鼎的大小輕重。

周朝的德行雖然衰微，但天命並沒有改變，九鼎的輕重，是不能為臣屬過問的。」他還用「在德不在鼎」教訓了楚莊王，使他收回了野心。後來，人們用「問鼎」一詞來比喻某人圖謀王位。

如今，隨著時代的發展，「問鼎」的內涵有了擴展，它本來是指「圖謀奪取政權」，只限用於政治鬥爭中，現在則可以用在科技、文化、體育等領

域，尤其在體育比賽中使用頻率更高，一般表示運動員或者運動隊「力爭奪取冠軍或第一名」。

　　所以，上文中提到的標題中的「問鼎」用錯了，文章的作者把它理解成了「奪冠」的意思，對讀者產生了一定的誤導作用。

慈母
並非「慈祥的母親」

「慈母手中線，遊子身上衣。臨行密密縫，意恐遲遲歸。」這一首溫馨的唐詩，總能勾起我們對母親的回憶，花白的頭髮和飽含歲月滄桑的皺紋，立在窗前牽掛著遠方的兒女……

提到「慈母」，大多數人可能會脫口而出：「慈祥的母親。」其實，最初「慈母」和「慈祥的母親」並沒有什麼聯繫，相反，「慈母」一詞還出自一件傷心事。

《儀禮》中有：「慈母者，何也？傳曰：妾之無子者，妾子無母者，父命妾曰：女以爲子。命子曰：女以爲母。」由此我們可以想見，不是隨便哪個女人都有資格成爲「慈母」，也不是哪個兒子隨便都可以擁有「慈母」。同時，《儀禮》中對「慈

母」的條件還作了很多限定：

要想成為「慈母」，下列條件缺一不可：必須具備小妾的身分；必須沒有自己的親生孩子或者不會生育（至少是沒有生育男孩）；另外，丈夫必須還有另外的妾，且這個妾要剛好一命嗚呼並正好遺留下一個男孩。

最為關鍵的是「父命妾曰：女以為子」，就是說前面的條件都具備的情況下，還需要其丈夫下達明確的命令：「這個可憐的孩子的母親死了，妳把這孩子當成自己的孩子養育吧。」

由此可知，失去母親的男孩被過繼到另一位女子那裡，「慈母」和自己的生母的死亡相關。所以，對於男孩來說，實在是一件傷心的事。

只有當你瞭解到什麼是真正的「慈母」時，才會對《儀禮‧喪服》中說的「慈母如母」有更清楚的瞭解。

隨著歷史的發展，許多事物都發生了應時應景

的改變，「慈母」也不例外。在唐代，「慈母」一詞就已經發生了變化，才有了李白的詩：「曾參豈是殺人者，讒言三及慈母驚。」顯然，這裡的「慈母」就已不是《儀禮》中的「慈母」。

雖然「慈母」的詞義發生了改變，但不變的是母親們對孩子的呵護和愛。

三寶殿
並非指殿名

「無事不登三寶殿」是百姓口中常說的俗語，意思是說「沒有事不會登門造訪，只要登門，必是有事相求」，或者是「沒有重要的事情不敢來麻煩」。

平時，人們有事情自己處理不了，找人托關係時，常常口稱「無事不登三寶殿」，以掩飾自己低頭求人的尷尬，又表明請某人辦理的事情相當重要。這個出自口語而演變成書面語的俗語，不僅活躍在人們日常生活的對話中，而且還經常在文學作品中出現。

但是，人們對這句俗語還只是停留在使用上，並沒有深究它的背景，於是，就有很多人都把「三寶殿」當做一座廟宇的名稱，其實並非如此。

何謂「三寶」？「三寶」就是佛教的三大內容，即教主釋迦牟尼爲「佛寶」，經籍教義爲「法寶」，弘揚佛法的僧團爲「僧寶」，它們合稱「三寶」。「佛」，指大知大覺之人，特指釋迦牟尼。「法」，梵語達摩的音譯，泛指經、律、論三藏和戒、定、慧三學，就是佛所說的教義。「僧」，梵語僧伽之略，意爲僧團、和合眾，即受戒出家繼承和宣揚教義的佛教徒。「三寶」泛稱佛教。

對於「三寶殿」，清代學者王有光解釋說：「三寶殿」，是指「佛、法、僧」三大活動場所。

「佛」，是指佛教徒登場做法事的地點「大雄寶殿」。

「法」，是指佛家珍藏經書的樓閣藏經樓。「僧」，是指和尙睡覺的寧靜禪房。

以上這三個地方，是清淨高潔的佛教重地，進出的都是佛門弟子，外人不可隨意亂闖。

那麼，善男信女們在什麼情況下才可登三寶殿

呢？

　　照禮教說，初一、十五拜佛誦經當然可以去；新年、節日祈福祭天必定要去；戰爭、災荒、婚喪、生日、病痛等，常要求神拜佛肯定要去；法事、儀式、招魂必要拜佛上香、請僧人出廟，也必然要去；軀體康復、考試中舉、生兒育女因許願還願也要去寶殿……可見，無事的話，誰會去「三寶殿」打擾呢？

即刻問斬
斬不得

　　最近，電視上古裝戲大熱門，觀眾在看電視時常能看到這樣一個鏡頭：

　　縣太爺大筆一揮，擲下一支簽來，喝道：「驗明正身，即刻開刀問斬！」

　　衙役們便把犯人押下堂去，就地處決，演到精采處，還會上演「刀下留人」的戲碼。

　　其實，這裡的「即刻問斬」是編導們為了追求影視劇的震撼效果而刻意安排的，與古時候的典章制度並不相符。

　　古代，執行死刑一般是在秋冬季節，這與古人的自然神權觀念有關，即順應天意。

　　春夏是萬物生長的季節，象徵萬物蓬勃生長，較不適宜取人性命；而秋冬是樹木凋零的季

節，象徵肅殺。人的行為包括政治活動都要順應天時，否則會受到天神的懲罰。皇帝即是天的兒子，更要遵守天意，按照天時行事。處決犯人也是如此。

從西周開始就有了秋冬行刑的做法，到漢朝成了制度。除了謀反等大罪可以立即處決外，一般死刑犯都要等到秋天霜降後冬至以前才能問斬。

唐宋時的法律規定，每年從立春到秋分，以及正月、五月、九月為斷屠月，每月的十齋日為禁殺日（初一、初八、十四、十五、十八、二十三、二十四、二十八、二十九），即使謀反重罪也不能在這些日子處死。

明朝也規定十齋日禁止行刑，否則笞四十。國家進行的大的祭祀活動時也禁止行刑。

在行刑的具體時間上，唐代的法律明確規定，只能在未時到申時這段時間之內行刑（約合現在的一點到五點），過時則要等到第二天，而並非

小說中常常描述的「午時三刻」。

　　顯然，劇中的情節誤導了人們。因為按古時的法律，即刻問斬的情節是不可能發生的。影視情節雖然有趣，但還是應該尊重歷史的。

幽閉
不是關禁閉

「幽閉」一詞比較少見，人們對它不太瞭解，所以可能會望文生義，把它理解為「關禁閉」。

事實上，這兩個字最初的意思和「關禁閉」相近，只是經過演變，與本意越走越遠，變得可怕起來，甚至變成中國古代酷刑的一種，在歷史的陰暗處，散發著恐怖的氣息。

在古代，摧毀人的生殖機能的刑罰，是對男子使用宮刑，對女子則使用幽閉。幽閉和宮刑的使用範圍都是用來懲罰淫罪。

「幽閉」一詞的本意就是把女子長期幽禁於密室裡，使她不再有接觸男子的機會，這樣做的目的是扼殺女子本身客觀存在的性機能。如在《尚書‧

呂刑》篇中「宮辟疑赦，其罰六百鍰，閱實其罪」
一句話之後，孔安國注釋說：「宮，淫刑也，男子
割勢，婦人幽閉，次死之刑。」孔穎達又進一步解
釋說，所謂幽閉，就是「閉於宮，使不得出也」的
意思。

雖然被幽禁於密室，性受到壓抑，但比起男子
的宮刑的痛苦，還是寬大了很多。

但是，後人在實際執行中，並不只是把女子簡
單關起來，而是用殘酷的手段摧殘女性生殖器的刑
罰代替幽刑。

這樣的刑罰到底是什麼樣的呢？歷史上有不同
的說法。

《詩經‧大雅‧召旻》中有「昏椓靡共」一
句，前人注釋說：「椓，毀陰者也。」椓和杙的原
意是拴牲畜的木橛子，就是用木橛子摧殘女性陰
部，其狠毒程度可想而知。傳說漢景帝時，廣川王
劉去和他的王后陽城昭信殘害姬人陶望卿，望卿被

逼投井而死，昭信又叫人把她的屍體撈出來，「椓杙其陰中」。這是對死人的手段，而對活人予以椓杙，其殘酷程度並不次於男子的宮刑。

明代人徐樹丕說，幽閉是將女子的生殖器「剔去其筋」，像閹割雌性的馬和豬等牲畜一樣，使她的性慾望徹底滅絕。

清朝褚人獲則把「幽閉」解釋為用木槌擊婦人胸腹，女子體內會有一種東西墜落下來，把陰道堵住，這樣女子的下體就只能小便，而無法性交了。由此可見，「幽閉」就是人為造成子宮脫垂，是破壞女性生殖器官的酷刑。

Truth That Can Never Be Revealed

Chapter 4

揭開宮廷劇中的真偽

中國古代皇帝下詔書——
並非都用「奉天承運」

近年來，許多影視、文學作品中在表示中國歷朝歷代皇帝下詔書時，往往於詔書之首加上「奉天承運，皇帝詔曰」的字樣，讓很多人都誤以為古代皇帝下詔書都用「奉天承運」。實際上並不是這樣的。

詔書，又稱「詔」，秦漢以後，專指帝王所下的文書指令。

中國第一個皇帝秦始皇就不曾用過「奉天承運，皇帝詔曰」的字樣，他的封遺詔非常簡短：「乃為璽書賜公子扶蘇曰：『與喪會咸陽而葬。』」詔書中並沒有提及文章的格式。

到了漢代，也沒有「奉天承運，皇帝詔曰」，只有「詔曰」二字開始走入皇帝文書指令之

中。

　　例如，《後漢書‧光武帝紀》中有：「詔曰：『更始破敗，棄城逃走。』」

　　《資治通鑑》卷十三：「（漢文帝二年）五月，詔曰『古之治天下，朝有進善之旌，誹謗之木，所以通治道而來諫者也。今法有誹謗、妖言之罪，是使眾臣不敢盡情而上無由聞過失也，將何以來遠方之賢良』，其除之!」

　　《南史‧宋文帝孝武帝前廢帝紀》：「（宋文帝元嘉）九年春二月辛卯，詔曰……」

　　《北史‧北魏太武帝景穆帝文成帝獻文帝紀》：「（文成帝）和平二年春，正月，乙酉，詔曰……」

　　《隋書‧高祖紀》：「（開皇）十八年春，正月，辛醜，詔曰……」

　　《舊唐書‧高宗紀》：「（永徽）二年春，正月，戊戌，詔曰……」

其中，宋元二朝情況又與以前略有不同，《宋史》、《元史》中，提到皇帝下發的文書指令時一般都用「詔……」，而不是「詔曰……」，如《宋史‧仁宗記》：「（皇祐）四年春，正月，己巳，詔諸路貸民種。」

《元史‧世祖紀》：「（中統）三十四年春，正月，壬戌，詔遣使招……」

實際上，在明朝以前，「奉天承運」都還沒有加在「皇帝詔曰」或「詔曰」的前面。並不是古代所有的詔書都用「奉天承運」的，「奉天承運，皇帝詔曰」是明代才出現。

據史料記載，明太祖初年，把大朝會殿正式定名為奉天殿，於皇帝所執大圭上刻「奉天承運」四字，與臣下誥敕中必首稱「奉天承運皇帝」。

但是頒佈詔書的場面，也與時下的影視作品中反映的場面不一樣。

據《明史‧禮志》記載：「凡頒令四方，有

詔書，有赫書，有敕符、丹符，有制誥手詔。洪武二十六年，定頒詔儀：設御座於奉天殿，設寶案於殿東，陳中和韶樂於殿內，設大樂於午門及承天門外，設宣讀案於承天門上，西南向。清晨，校尉擎雲蓋，由殿東門出，大樂作，自東陛降，由奉天門至金水橋南，午門外。樂作，公侯前導，迎至承天門上，鳴贊排班，文武官就位。樂作，四拜；樂止，宣讀展讀官升案稱有制，眾官跪，禮部官捧詔書授宣讀官，宣訖，禮部官捧置雲蓋中贊禮，唱俯任、興樂、作四拜，樂止，舞蹈山呼，又四拜，儀禮司奏，禮畢，駕興。禮部官捧詔書分授使者，百官退。」

現在的影視作品中，表現這一場面時往往都以訛傳訛，把「山呼萬歲」理解成「三呼萬歲」，把十二拜篡改成了只拜三次。

且在三拜的時候還沒有音樂，實際上在明朝後，皇帝頒佈詔書時是有音樂相伴的。

從秦漢一直到清朝，皇帝所下的詔書可以說是成千上萬。

如：傳位詔、即位詔、改元詔、加冠詔、出閣詔、賜酺詔、禮儀詔、巡幸詔、南郊詔、北郊詔、封禪詔、謁廟詔、附廟詔、附葬詔、加諡詔、追夏詔、追贈詔、痊覆詔、籍田詔、貶責詔、廢黜詔、降黜詔、遺詔、上尊號詔、立皇后詔、中宮崩逝詔、立皇子詔、封皇子詔、立皇太子詔、命皇太子監國詔、出宮人詔、罪己詔、退位詔、復辟詔等多種形式。

這些詔書並不是全部都要帶上「奉天承運，皇帝詔曰」，電視劇裡的許多情節都是違背歷史常識誤導觀眾的，我們必須認清這個錯誤。

康熙
沒有「微服私訪」

近年來，戲說型歷史題材電視劇成為焦點，順治、乾隆、康熙都成了戲說的對象，其中，許多觀眾應該都會有這樣的疑問：康熙皇帝當真微服私訪過嗎？

然而答案是否定的，康熙作為專制君主，是不可能如此深入民間接近百姓的。而且史料記載中，也沒有留下私訪的痕跡。

《聖祖仁皇帝聖訓》中有一個叫「省方」的類目，記載康熙皇帝有關巡幸的一些諭旨，表明康熙皇帝瞭解民情的一些方式。「省方」，就是視察四方。翻開《清聖祖實錄》，有關康熙皇帝巡幸的記載連篇累牘。他東巡山東，西巡陝西，北巡塞外，南巡江浙，京畿之地更是頻繁巡視之地。巍峨泰

山、名勝孔府、壯麗五台、蒼莽草原、清秀水鄉都
留下了康熙皇帝的足跡，不過他的巡視主要不是為
了遊玩，而是出於政務的考慮，從這個角度看，康
熙是一位比較關心民生、勤政愛民的君主。

康熙皇帝在巡幸的過程中儘量避免「擾
民」。他要求路上所需的物品都要能省則省，而且
巡幸時常帶負責監察的科道官，稽查強行買賣擾害
百姓者。要求地方文武大小官員不許與扈從官員以
戚友送禮，對於饋送收受人員「以軍法從事」，其
扈從大小官員及隨往僕役，如有橫行生事擾民者，
一併從重治罪。

還到處張貼安民告示，聲明發現地方官私
征，定行從重治罪。要求凡經過地方，百姓須各安
生業，照常生活，不得遷移遠避，反滋擾累。

康熙皇帝巡視也注意減少隨從人員，輕裝南
下，巡視堤堰，沿途皆設營幄，不禦屋廬。康熙皇
帝說自己「便道至浙江觀風問俗，簡約儀從，鹵簿

不設，扈從者僅三百餘人」。據此可知簡約情形下他的巡視隊伍規模，並非如影視劇中的一行幾人而已，在簡約的情況下仍達三百餘人。

康熙皇帝在巡視山東時，城中百姓扶老攜幼，站在道路的兩旁歡迎他，康熙皇帝詢問道路旁百姓的收成情況，得知「連歲順成，民生稍得安業」。而南巡多由舟行，官民群集兩岸迎駕，由陸路西巡，經過郡邑官民無不歡騰道旁。康熙皇帝令在乘輿左右備諮地方利弊，據說大家都暢所欲言。

康熙貴為天子，作為一國之君，保證他的安全是群臣的頭等大事，康熙的出行，身邊都簇擁著至少三百餘人的文武官員，在這種情況下，根本做不到微服私訪。

皇帝的嬪妃
不能自稱「臣妾」

　　有一些影視劇和文學作品中，每每能看見皇帝的嬪妃和皇上說話時常自稱「臣妾」。其實，「臣妾」並不是嬪妃們在皇帝面前的謙詞。

　　臣妾，作為名詞，在數千年前，指地位低賤之人。《尚書傳》說：「役人賤者，男曰臣女曰妾。」《周禮注》也說：「臣妾，男女貧賤之稱。」《戰國策‧秦四》：「百姓不聊生，族類離散，流亡為臣妾。」注雲「男為人臣，女為妾」。所以也以「臣妾」指臣服者、被統治者。

　　如《史記‧吳太伯世家》和《伍子胥傳》有「請委國為臣妾」、「求委國為臣妾」語，可見，臣妾是一種統稱，指臣服的眾男女，而對具體的一男或一女，不應稱「臣妾」。

而妾《辭海》解釋為：

（1）女奴隸。《書·費誓》：「臣妾逋逃」。

（2）舊社會中的小妻；側室；偏房。《穀梁傳·僖公九年》：「毋以妾為妻。」

（3）舊時婦女自稱的謙詞。古樂府《孔雀東南飛》：「妾不堪驅使，徒留無所施。」可見，「妾」字從古至今一直保持著兩個比較穩定的意思：一是女奴隸，二是小老婆。那麼，皇后、嬪妃在皇上面前應自稱什麼呢？

《明史》中記載了皇貴妃拜見皇后的情景：內贊接引至殿上拜位，樂止。贊跪，妃皆跪。皇貴妃曰，「妾某氏等，遇茲履端之節」，冬至則云「履長」，「恭詣皇后殿下稱賀」。

語畢，皆俯伏，興，樂作，復位，樂止。贊拜，樂作，四拜興，樂止。

可見，嬪妃同皇上談話時，自稱是簡單的

「妾某氏」，還有自稱「賤妾」、「小妾」等。

當我們讀到《金史》、《元史》或《清史稿》時，也會發現作為嬪妃的少數民族婦女，也是自稱「妾」而不稱「臣妾」。

老佛爺
並非慈禧專用

在一些歷史小說、電影、戲曲中，常有把慈禧稱為「老佛爺」的情節，尤其是大太監李蓮英每次向慈禧奏話時，總是一口一個「老佛爺」，這讓大家留下了深刻的印象。

人們沒有聽說過除慈禧外，還有誰被呼為「老佛爺」，於是認定這個稱號是她獨有的、專用的，其實這是誤解。

事實上，「老佛爺」事件是存在的，並非杜撰。

首先提議此稱呼的是當時為她慶祝壽誕的禮部某侍郎，理由是她為「大清中興」作出巨大貢獻，有「皇朝巨擘之力」又「威聲遠播泰西」，因此「堪為當世人主之效」，然後全體六部四品以上官

員連署上奏，經由光緒皇帝朱批，皇太后慈禧從此就被人稱為「慈禧老佛爺」或「太后老佛」。

而在慈禧太后之前，「老佛爺」一直以來被作為滿清皇帝的特稱，所以並非西太后獨有。

這是因為歷史上歷代帝王除了有「廟號」、「諡號」和「尊號」以外，有些帝王還有「特稱」。如宋代皇帝的「特稱」叫「官家」，明代皇帝的「特稱」叫「老爺」，而清代皇帝的「特稱」則叫「老佛爺」。

那清朝帝王為什麼要用「老佛爺」這個稱呼呢？是因為清朝是由女真族建立的，而女真族首領最早稱為「滿柱」。

「滿柱」是佛號「曼殊」的轉音，意為「佛爺」、「吉祥」。後來，有的顯赫家族、世襲首領，起名就叫「滿柱」。滿清建國後，將「滿柱」漢譯為「佛爺」，並把它作為皇帝的特稱。

值得一提的是，慈禧是整個清朝年間被稱為

「老佛爺」的第一個女人，而著名的孝莊太后，乾隆的生母都未曾有過這一個稱呼。

慈禧喜歡聽別人叫她「老佛爺」，大概是因為她企圖把自己與皇帝相提並論。

順治
和董小宛無關

傳說順治皇帝和董小宛有一段浪漫而悲壯的故事：

秦淮名妓董小宛，色藝雙全，名滿金陵。她與「複社」中的書生冒襄（即冒辟疆）一見鍾情，雙雙遁跡杭州，結成夫妻。

順治二年，清兵攻陷杭州，董小宛被擄掠，獻給清世祖順治皇帝，順治帝對董小宛恩寵有加，未過多久，董小宛被封為淑妃，為六宮粉黛第一美人。然而，董小宛紅顏薄命，順治帝悲痛欲絕，他感到人生虛無，萬物皆空，也無心再做皇帝，就遁入山西五臺山，削髮披緇，皈依淨土。

世人認為，董小宛就是順治的愛妃——董鄂妃，我們不難看出順治帝對董鄂妃的感情是非常深

厚的，都說順治皇帝就是為了她而出家的。

那麼，董小宛是不是董鄂妃呢？在歷史上，董小宛確有其人。

董小宛（1624～1651）名董白，除了「小宛」，她還有一個號「青蓮」。她和陳圓圓、柳如是、李香君、顧眉、朱無瑕、趙令燕、馬湘蘭等，都是明末舉世豔稱的名妓。

她出生在明天啟四年（1624年），到崇禎十七年（1644年）明思宗朱由檢自盡時，作為早已豔名遠播的美女，她已經二十歲了；而此時的清世祖愛新覺羅福臨，也就是順治皇帝，他的年紀最多也超不過七歲（因為直到七、八年之後，十四歲的小皇帝才夠年齡冊立他的第一位皇后）。

在那個早婚的年代，尚不諳世事的七歲小皇帝怎麼可能愛上一個「阿姨輩」的女人呢？

真正的董小宛在崇禎末年便從良了，當時她十九歲。她的丈夫冒辟疆，與方以智、陳貞慧、侯

方域一起被共稱爲明末的「江南四公子」。冒辟疆
是江蘇如皋人氏，名襄，號巢民。

明朝滅亡之後，他便隱居鄉里，終生不仕。才
色雙絕的名妓，嫁給頗具民族氣節的名流公子，這
段姻緣還是十分匹配的。在1655年，一代名妓死在
水繪園影梅庵家中。

董鄂妃（？～1660），據《清史稿·後妃
傳》的記載：「孝獻皇后棟鄂氏，內大臣鄂碩女，
年十八入侍。上眷之特厚，寵冠後宮。」就是說董
鄂氏（後來的董鄂妃）是內大臣鄂碩的女兒，18歲
入宮，受到順治的寵愛。當董小宛去世的時候，董
鄂妃剛剛年滿13歲。

從中可以看出，董小宛嫁給冒辟疆後，兩人
生死與共，沒有分開過，董小宛死後，冒辟疆還寫
了一篇《亡妾董小宛哀辭》悼念她，文章中有「今
幽房告成，素疚將引，謹蔔閏二月之望日，安香魂
于南阡」的記載，據時人記載，冒辟疆把她葬在影

梅庵。所以，董小宛不可能到宮裡去當順治帝的妃子。

董小宛和順治帝兩人也有年齡差距，明崇禎十二年的時候，也就是1639年，董小宛和冒襄相識，當時董小宛是十六歲，這個時候順治皇帝才只有兩歲。

清入關以後的順治八年，順治皇帝十四歲，那一年董小宛二十八歲，她當年就去世了，前後相比，順治皇帝和董小宛年齡相差十四歲。顯而易見，董小宛和董鄂妃根本不是一個人。

那麼，為什麼民間傳說會將董小宛與董鄂妃扯在一起了呢？可能是因為她們倆的姓中都有一個「董」字，二人又都是傾國傾城的絕色佳人。一些文人在編寫野史時，為了使情節離奇、有吸引力，於是便採用了移花接木的手法，將董小宛說成是董鄂妃了。

董小宛是江南名妓，有著一段不凡的經歷，順

治又是個懦弱的、重感情的情種皇帝，有段纏綿的婚姻史，這種情況到了文人的筆下被添枝加葉，杜撰出許多無根由的情節來，於是一部部具有傳奇色彩的故事便誕生了！

康熙來不及愛上 ——

「祖母級」的蘇麻喇姑

在《康熙大帝》裡，貫穿整本書的，就是康熙和大他幾歲的美貌少女蘇麻喇姑之間纏綿憂傷的愛情故事。在很多電視劇裡，都把蘇麻喇姑塑造成康熙帝的初戀、憂傷情人。但是，蘇麻喇姑和康熙真的有過一段如此唯美的愛情嗎？

其實，對比一下他們的年齡差距，就知道他們之間不可能發生姐弟戀。

蘇麻喇姑，蒙古族人，出生在科爾沁大草原一個貧苦牧民之家，出生年大約在明萬曆四十年（1612年）前後。原名索瑪勒，意思是毛製的長口袋，自幼在蒙古科爾沁貝勒宰桑家當使女。

西元一六二五年二月，年僅十三歲的孝莊文皇后嫁給皇太極的時候，她作為貼身侍女，一同被

帶到宮中，此後在皇宮中一住就是八十年。順治晚期或康熙年間改稱滿名蘇麻喇姑，意思是「半大口袋」。康熙四十四年（1705年）以九旬高齡在清宮作古。

康熙，清聖祖玄燁，清入關後第二代皇帝，姓愛新覺羅氏，順治帝福臨第三子。母佟佳氏，漢軍都統佟圖賴之女。

順治十一年（1654年）三月十八生於景仁宮。十八年，福臨去世，以八歲孩稚繼承皇位。改次年為康熙元年（1662年）。

二年二月，生母去世，由祖母博爾濟特氏（孝莊文皇后）撫育。他自幼苦讀，好學不倦，身體強健，騎射嫻熟。十四歲親政，在位六十一年，一生勤奮治國，開創了一代盛世，是中國少數傑出的英明帝王。

根據歷史事實可以看出，蘇麻喇姑1612年左右出生，康熙祖母孝莊皇后1613年出生，蘇麻喇姑和

孝莊是同輩人，即是康熙的祖母級人物。康熙1654年出生，比蘇麻喇姑小整整42歲。康熙即位時虛齡只有8歲，此時蘇麻喇姑已經五十歲了，怎麼可能還是如花少女？試想，一個8歲的孩童怎麼可能與一個跟他祖母一樣年齡的人發生曖昧關係？

再者，蘇麻喇姑在生活上有一個與人不同的特點：終年不浴。只有到年終最後一天即除夕之日，才用少量的水洗一洗身體，然後再把這些用過的髒水喝掉。試想，一個普通人都難以接受這樣的習慣，更何況是九五之尊的皇帝？古代妃子侍寢都要經過很嚴格的沐浴熏香，因此康熙不可能對蘇麻喇姑產生邪念。

事實上，康熙對蘇麻喇姑是非常尊敬的。在愛新覺羅·玄燁還不是康熙皇帝的時候，他得了天花絕症，他的奶奶、當時的孝莊皇太后和他的父親順治皇帝把他扔到福佑寺裡面，聽天由命、任其自生自滅。蘇麻喇姑一直守在康熙身邊無微不至地照顧

著他，直到愛新覺羅・玄燁徹底康復，後來成爲一個偉大的皇帝。

可以說，蘇麻喇姑是康熙的生命守護神，是康熙一輩子都感激的人，他們之間有的是類似親情的東西，但絕對不是愛情。

清朝皇帝的女兒——不全叫「格格」

瓊瑤的《還珠格格》搬上螢幕後，一時間「格格」二字名滿天下，還珠格格、紫薇格格的扮演者的表演使人物形象鮮活，讓觀眾留下了非常深刻的印象。人們剛接觸到「格格」二字，第一感覺是滿人很特別，皇帝的女兒不叫公主叫「格格」，別有一番趣味。其實，《還珠格格》在一定程度上誤導了我們，按照清朝的典章禮儀的規定，稱皇帝的女兒為「格格」，是不合禮法的。

清朝的前身——後金初年，大汗的女兒（當時的皇帝還叫大汗），貝勒的女兒，有時也這樣稱呼一些未嫁的女子，叫「格格」，當時並沒有特殊的規定。「格格」原為滿語的譯音，譯成漢語就是小姐、姐姐之意，就如同現代人稱呼自己的女兒為

「丫頭」一樣。例如,清太祖努爾哈赤的長女稱
「東果格格」,次女稱「嫩哲格格」。

清太宗皇太極繼位後,於崇德元年(1636
年),開始仿效明朝制度,皇帝女兒開始稱為「公
主」,並規定皇后(即中宮)所生之女稱「固倫
公主」,妃子所生之女及皇后的養女稱「和碩公
主」。

《清史稿》中明明白白地寫道:「公主之等
二:曰固倫公主,曰和碩公主。」滿語「固倫」為
天下的意思,皇帝為九五之尊,所生的女兒自然得
配「固倫」二字。但是並非所有的公主都能有「固
倫」的名號,只有皇后所生的女兒才能受封為固倫
公主,其餘嬪妃們所生的女兒自然應該列入第二
等,受封為和碩公主。固倫公主和和碩公主分別代
表地位的高低。

電視劇裡提到的小燕子和紫薇,前者是沒有血
親關係,皇帝收養的養女;後者是皇帝在民間的私

生女，更何況紫薇的母親夏雨荷連正式嬪妃的封號都沒有，可視爲庶出，儘管受到乾隆皇帝的寵愛，也只能得到「和碩公主」的封號，乾隆的親生女兒不可能降格而封爲格格。這裡需要說明的是，從所謂固倫公主到格格，表示的是等級，不是具體的名稱，如小燕子還珠有功，可以封爲還珠公主，但她的等級是和碩公主，享受和碩公主的待遇。

「格格」則專門用來稱呼王公貴冑的女兒。順治十七年（1660年）始把「格格」分爲五等：

一等：

親王之女，稱爲「和碩格格」，漢名爲「郡主」。

二等：世子及郡王之女，稱爲「多羅格格」，漢名爲「縣主」。

三等：多羅貝勒之女，亦稱爲「多羅格格」，漢名爲「郡君」。

四等：貝子之女，稱爲「固山格格」，漢名

「縣君」。

五等：鎮國公、輔國公之女，稱「格格」，漢名「鄉君」。

而鎮國公、輔國公以下的女兒，則稱之為「宗女」。

「格格」之稱一直沿用至清末民初之際，才漸漸終止。由此可見，現在影視劇中把皇帝之女稱為「格格」是不準確的。

狸貓換太子

根本不存在

　　清末小說《三俠五義》中描寫了一個「狸貓換太子」的故事，其中主人公的傳奇經歷幾乎家喻戶曉，婦孺皆知。

　　故事發生在北宋真宗年間。在真宗晚年，他的兩個妃子劉氏、李氏同時懷孕，為了爭當正宮娘娘，工於心計的劉氏將李氏剛生下的孩子換成了一隻剝了皮的狸貓，並污蔑李氏生下了妖孽。真宗大怒，將李氏打入冷宮，而將劉妃立為皇后。後來，李妃所生男嬰在經過波折後被立為太子，並登上皇位，這就是仁宗。在包拯的幫助下，仁宗得知真相，尋回流落民間的母親，母子團圓，仁宗加封包拯，團圓結局。而劉氏也得到了應有的懲罰。

　　這個故事流傳很廣，近年來又有內容相近的電

視劇重現這段故事，善良的人們在為李氏的不幸掬一把淚時，也不知不覺走進了一個錯誤觀念，對這段故事深信不疑。卻不知，這則故事經過劇作家們的「戲說」，與歷史的真實已相去甚遠。

仁宗趙禎，在位42年，是兩宋時期在位時間最長的皇帝。在他的統治時期，國家安定太平，經濟繁榮，科學技術和文化得到了很大的發展，其在位時期名臣輩出。整體而言，仁宗算是一個有作為的皇帝。

關於他的身世，世人眾說紛紜，仁宗究竟是真宗後劉氏之子，還是妃子李氏親生，無論是小說，還是戲曲，幾乎眾口一詞，認定仁宗是李妃所生，而非劉皇后之子。

據《宋史·後妃傳》記載，李氏本是劉後做妃子時的侍女，莊重寡言，被真宗看中，成為後宮嬪妃之一，生下仁宗後，進為才人，後為婉儀。

在李妃之前，真宗後妃曾經生過5個男孩，都

先後夭折。此時真宗正憂心如焚，處於無人繼承皇位的難堪之中。當時仁宗剛生下還在襁褓之中即被劉德妃抱走，並把仁宗認為自己的兒子，和楊淑妃共同撫育，而李婉儀卻失去了親自撫育兒子的資格。

宋仁宗即位後，李氏「默處宮中，與眾婢無異」。其他人因畏懼劉太后的威勢，也不敢對仁宗道出真相。因此，仁宗一直以為自己是劉太后所生，呼之為「大孃孃」，稱楊淑妃為「小孃孃」。母子間一直感情融洽。

直到明道元年，李氏病重，才被封為宸妃，不久即病故，享年四十六歲。

1034年，劉太后死後，24歲的仁宗才開始真正執政，這個祕密也就逐漸公開了。至於是誰最早告訴仁宗實情的，有兩種說法，一說是楊淑妃（此時已為章惠太后）勸他說：「此非帝母，帝自有母。」楊太妃自仁宗幼年時期便一直照料其飲食起

居，仁宗對她也極有感情，楊太妃在那樣的政治環境中說出實情是極有可能的。

另一種說法是皇叔趙元儼告訴仁宗：「陛下乃李宸妃所生，妃死於非命。」趙元儼自真宗死後，過了10餘年的隱居生活，閉門謝客，不理朝政，在仁宗親政之際，趙元儼突然復出，告以真相，應該是情理之中。

總之，仁宗瞭解了自己的身世，在憤怒、悲傷的同時，馬上派兵包圍了劉後的住宅，要查清事實真相後作出處理。他懷疑自己的母親死於非命，一定要打開棺木查驗。當棺木打開，只見以水銀浸泡、屍身不壞的李妃安詳地躺在棺木中，服飾華麗，仁宗這才歎道：「人言豈能信？」隨即下令遣散了包圍劉宅的兵士，並在劉太后遺像前焚香禱告。

其實，劉太后在李妃死後，最初是準備用一般宮人的禮儀治喪，但宰相呂夷簡力勸劉太后，要想

保全劉氏一門，就必須厚葬李妃。劉太后後來這才意識到問題的嚴重性，決定以皇后的服飾裝斂、發喪，並用水銀寶棺。生母雖然厚葬，卻未能沖淡仁宗對李氏的無限愧疚，他把劉氏追諡為莊獻明肅皇太后，把李氏追諡為莊懿皇太后。

至此，真相大白，在這場「奪子案」中，劉妃、李妃確有其人，但其事絕非傳說的那樣，也沒有出現狸貓的影子，只是後人對劉太后的做法進行進一步加工，才有了後來「狸貓換太子」的傳奇。

另外，在仁宗認母這一事件的整個過程中，其實並沒有包拯的參與，因為這件事發生在仁宗明道元年（西元1032年）以前，而此時的包拯還是一個布衣百姓。直到仁宗景祐四年（西元1037年），29歲的包拯考中進士，在大約40歲時才離家去天長縣任職，在很長一段時間裡，他都沒有去過京城，又怎麼能幫助仁宗尋找生母呢？

白稱「孝莊」
是錯誤

　　大陸歷史劇《康熙王朝》受到觀眾們的喜愛，電視劇拍得很好，但是在一些歷史細節中出現了失誤，比如孝莊太后知道順治出家心思已定，無法挽回時說道「我孝莊……」，甚至有人當面稱呼她為「孝莊太后」，這些都不符合事實。

　　諡號是中國文化中獨有的，在古代，帝王、後妃、諸侯、大臣等去世之後，朝廷會根據其生平事蹟與品德修養，評定褒貶，而給予一個帶有評判性質的稱號，這個稱號就是「諡」或「諡號」。

　　帝王的諡號一般是由禮官議定，經繼位的帝王認可後予以宣佈，臣下的諡號則由朝廷賜予。

　　孝莊太后死後，康熙給祖母上的尊諡是「孝莊仁宣誠憲恭懿翊天啓聖文皇后」。孝莊文皇后是這

位太后死後的諡號，諡號是死者的哀榮，也是對她一生的評價，孝莊太后自己不可能用諡號來自稱。

在諡法中，「文」寓有經天緯地、慈惠愛民和勤學好問之意，可見對孝莊的感恩推戴之重。

根據諡法，諡號分爲美諡、惡諡、平諡等三大類。屬於美諡的有文（經天緯地）、武（威強睿德）、景（布義行剛）、明（照臨四方）、平（布綱治紀）等。漢文帝劉恒、隋文帝楊堅等都以善於治理天下爲名，所以被諡爲「文」；漢武帝劉徹、晉武帝司馬炎等以聲威強盛著稱，所以被諡爲「武」。屬於惡諡類的有煬（好內遠禮）、厲（殺戮無辜）、幽（動靜亂常）等。而潛（在國遭憂）、懷（慈仁短折）就屬於平諡。綜觀歷史，歷代帝王大多都獲得了美諡、平諡，只有少數皇帝才得到了惡諡。

另外，帝王爲大臣們所賜的諡號叫官諡。在春秋末期一些有名望的文人雅士或隱士死後，其親友

門人給他議定一個諡號，叫私諡。私諡不能稱「公侯」，只能稱「大先生」、「大居士」，如晉陶淵明被稱爲「靖節先生」。

但是，不管什麼諡號，都是在諡號的主人死後用的，因此，孝莊太后不可能在死前自稱諡號。

古代臣見君王
並非都要下跪磕頭

　　通常在我們所看的古裝連續劇中，每當遇有臣下朝見君王時，多用下跪磕頭來表現。

　　關於跪拜之禮，史書也有記載，例如：西元1792年，早已經崛起於西方的英吉利王國派專使出使大清帝國，這本來是一件促進東西方交流的大好事，可是當時的清朝乾隆皇帝卻堅決不准英國專使晉見，原因很簡單，因為英國專使馬甘尼不肯對大清帝國的皇帝行下跪磕頭的大禮。

　　這個在現代人看來根本不成其為問題的問題，卻被乾隆皇帝看得重於國家和民族的利益。在乾隆看來，上下幾千年，縱橫全天下，哪有臣下見君王不磕頭、不下跪的道理呢？

　　但事實上乾隆錯了，且不說當時的西方各國

屬臣見君主根本沒有「下跪磕頭」之說，就是作為
「下跪磕頭」大禮發源地的中國，也不是從古到今
都下跪磕頭的。

在春秋戰國時期，臣子站立時是不跪拜國君
的，只需相互作揖施禮。磕頭禮也有，不過是坐著
時，而古代的坐姿都是跪著的，並且是君臣互跪。

我們在電視劇裡看到日本人雙膝跪席，臀部壓
在腳後跟這種坐姿就是來源於中國古代。當時，君
臣之間的舉止性禮節，不僅僅是臣下向君主施行，
而且君主也有向臣下施用的儀制。據《周禮》載，
周王召見諸侯時，向沒有血緣關係的庶姓諸侯，施
以合手前推再稍往下動的「土揖」禮。向有姻親關
係的異姓諸侯，施以合手平推的「時揖」禮；向同
姓諸侯，施以合手前推再稍向上舉的「天揖」禮；
並且是君主先向臣子施禮，還得是向大臣部下一一
行禮，而所有臣子只要對周王行一次禮就行了。由
此可以看出，這時在朝堂上最忙的人就是君主了，

後世君主那種高居寶座巋然不動的景象，當時的君王們大概是做夢也沒想到的。

西元前221年，秦王嬴政平掃六國，天下歸一，自以為建不世之奇功，但也只不過是把自己的名號由王改為皇帝，自稱為「朕」，制命為「詔」而已，並沒有定下「下跪磕頭」的臣見君之大禮。

劉邦立國伊始，因他和手下的大將教育程度均不高，故群臣公然在朝堂上隨意出入，哄然叫嚷，爭功邀賞，互責短長，鄙言陋行，斑斑不絕，醉後喧嘩甚至拔劍擊打宮殿的支柱，於是採納叔孫通的意見訂立君臣之禮。試行後，劉邦大歎：「我到了現在才知道當皇帝的威風！」於是漢朝之後才逐漸出現大臣對君王的跪拜，例如漢代元旦朝賀之儀，其制為：三公上殿后面向皇帝座位，贊禮之太常就高聲唱喝：「皇帝為君興」，即皇帝起立對三公的禮賀表示敬謝之意。三公於是跪伏，然後皇帝坐下。皇帝冊、授王、公爵職時，王、公拜謝，皇帝

也以起立作答禮。

　　唐代以前沒有桌子，只能席地而跪，所以表示尊敬只有磕頭，不過那時不僅是大臣對君主磕頭，君主有時也會對大臣磕頭。

　　宋代有了桌子，基本上就改為鞠躬禮了，至於像滿清那種三跪九叩的大禮，確實是滿清獨一無二的發明。清人康有為對這一變化描述說：「漢制，皇帝為丞相起，晉、六朝及唐，君臣皆坐。唯宋乃立，元乃跪，後世從之。」這裡說的就是古代中國君臣之禮的變化情況：唐以前是臣與君共坐，到了宋朝，皇帝仍坐，大臣則由坐改為站立。元朝進一步發展為臣下跪著向坐著的皇帝察複，明清沿襲而不改。

　　君尊臣卑的強化，使君主禮敬大臣的儀制被逐步取消，君臣之間等級差距加大並森嚴化。明清時期，皇帝的威嚴已被抬高到絕對至尊的地步，鄙視臣下，君主容不得臣下對其尊嚴的絲毫損傷。據史

料記載，清代有名的大學者紀曉嵐曾因在陪太子讀書時未採用下跪的姿態而遭到了皇帝的訓斥。紀曉嵐尚且如此，別的人見皇帝的處境就更是可想而知了。

由此可見，現今螢幕上從春秋戰國到清朝，大凡君主上朝就是群大臣趴在地上三拜九叩、三呼萬歲的景象其實是對歷史的誤解，並非古代的臣子見君主都要下跪磕頭的。

紀曉嵐
沒資格與和珅鬥法

關於紀曉嵐與和珅的電視劇層出不窮。在劇中，乾隆皇帝和兩個愛臣打成一片，紀曉嵐時時不忘捉弄一下和珅，讓他在皇帝面前出盡洋相，又每每能化險為夷，成功避開來自和珅的報復。

劇中的紀曉嵐正直、英俊、機智、灑脫，與油腔滑調、不學無術的和珅形成了鮮明對比，讓觀眾在忍俊不禁的同時也無不深感痛快。

可是，歷史上紀曉嵐真的與和珅處處作對嗎？《鐵齒銅牙紀曉嵐》是反映了真實的歷史嗎？

查閱史籍，可以發現《鐵齒銅牙紀曉嵐》的劇情情節與史實有幾處出入：

第一，據史書上記載，紀曉嵐「貌寢短視」。所謂「寢」，就是相貌醜陋；所謂「短

視」，就是近視眼。跟紀曉嵐打了十年交道的朱珪曾經有詩這樣描述他：河間宗伯姹，口吃善著書。沉浸四庫間，提要萬卷錄。

從詩中得知，紀曉嵐還有口吃的毛病。原來，紀曉嵐不僅比較醜，還有近視眼、口吃，這些與電視上風流倜儻的紀曉嵐形象，頗有些不同。

而令人大感意外的是，和珅在當時被稱為「滿洲第一美男子」，據說他身材頎長、眉清目秀，不僅是個標準的美男子，而且還是一個聰明絕頂、出口成章、處事機敏的幹練之材，而且很會理財、斂財，並且精通滿、漢、蒙、藏四種語言，平時巧答應對、處理政務幹練決斷，都甚合乾隆心思，並不是影視劇中所展現的那個又矮又肥的胖子形象。

第二，在影視劇中，紀曉嵐和乾隆皇帝之間的君臣關係表現得十分融洽，乾隆對紀曉嵐十分信任。於是我們都得出一個結論：紀曉嵐是乾隆皇帝

的「愛臣」。其實，這是一個誤會，劇情已經過了編導們的美化，然而實際情況並非如此。

乾隆是中國歷史上有名的「聖主」，也是一位自小生長在深宮的皇帝，有很多獨特的喜好。

比如，乾隆對身邊的近臣有他自己的一套選擇標準，首先必須機警敏捷、聰明幹練，並且要相貌俊秀、年輕漂亮。

這樣的例子很多，例如和珅、王傑、於敏中、董誥、梁國治、福長安等人，都是數一數二的「美男子」，而相貌醜陋的紀曉嵐遇上乾隆，即便他再才華橫溢，也難得到真正的重用，難以參與重大的政治決策，只能以文字安身立命。

意思是說他只能做乾隆的「詞臣」，而難以做乾隆的寵臣、重臣。

紀曉嵐一生中兩次任鄉試考官，六次任會試考官，三次任禮部尚書，均是這種際遇的顯現。這種官職並無重權、實權，只是大清朝廷的擺設而已，

他一生沒有當過真正有實權的官。

其中，有一件事可以證明乾隆對他的態度：有一次乾隆派他出任都察院，他因判案不力，本應受罰，乾隆卻說：「這次派任的紀曉嵐，本系無用腐儒，本來只不過是湊個數而已，況且他並不熟悉刑名等事務，又是近視眼……他所犯的過錯情有可原。」可見紀曉嵐在皇帝心裡的地位。

相反，和珅卻得到了乾隆的青睞，官至軍機大臣、大學士。

所以，紀曉嵐無法與權臣和珅鬥法，因為不是一個「重量級」人物，而且紀曉嵐也沒有與和珅為敵的意願。因為與和珅作對的人，都沒有什麼好下場，貶官的貶官，流放的流放，殺頭的殺頭

第三，在電視劇中三個人的年齡看上去差不多，這一點也不符合歷史實際。據載，和珅的生卒年是（1750～1799），紀曉嵐是（1724～1805），紀曉嵐要比和珅大26歲，紀曉嵐考中進士的時候和

珅才出生，等到和珅飛黃騰達的時候，紀曉嵐已經六十多歲，他們倆基本上沒有同朝為官。

　　綜上所述，紀曉嵐不可能，也沒有資格與和珅鬥法。

自稱「奴才」
地位高

　　細心的觀眾在看《鐵齒銅牙紀曉嵐》時可能會發現，和珅在皇帝面前自稱「奴才」，而紀曉嵐卻自稱「臣」，為什麼會有不同？會不會是編導按劇情的需要故意醜化和珅？

　　按現代人的眼光，「奴才」的地位絕對要比「臣」的地位低，但是，和珅是滿族人，紀曉嵐是漢族人，在當時的歷史情況下，漢人應比滿族人地位低，這是怎麼回事，難道編導弄錯了？

　　很久以前，「奴才」一詞，本是古代北方遊牧民族的一句罵人話，意為無用之人，只配為奴，故又寫作「駑才」，當時中原並沒有這種說法。

　　「奴才」一詞，雖含鄙意，卻在清朝典章制度上有著一個特殊的位置。

清朝規定，給皇帝上奏章，如果是滿臣，便要自稱「奴才」；如果是漢臣，則要自稱「臣」。漢臣如果自稱為「奴才」就算是「冒稱」，也就是說，漢人稱自己為「奴才」是不夠資格的。

在乾隆三十八年，滿臣天保和漢臣馬人龍共同上了一道關於科場舞弊案的奏摺，因為天保的名字在前，便一起稱為「奴才天保、馬人龍」。

乾隆皇帝看到奏摺後，大為惱火，斥責馬人龍是冒稱「奴才」。於是，乾隆帝作出規定：「凡內外滿漢諸臣會奏公事，均一體稱『臣』。」這個規定，目的就是不讓漢臣稱「奴才」，為此，寧可讓滿臣遷就漢臣也稱「臣」。

滿洲人入關前，大體處於奴隸制向封建制過渡的社會，雖然佔據了中原，但奴隸制的胎記並未完全退去，即使到了晚清，滿洲人內部仍保持著很濃厚的奴隸制習氣，主奴之間等級森嚴。

這個習慣反映到典章制度上，便是滿臣奏事時

要自稱「奴才」。

滿臣自稱「奴才」，不僅表示自己是皇帝的臣子，更表示自己是皇帝的家奴；而漢臣則沒有滿洲人傳統的主奴關係，所以也就只有臣子的身分，也就不能稱「奴才」。

正因為這個原因，馬人龍奏事時自稱了「奴才」，便被認為是冒稱。

原來，在滿人的眼裡，「奴才」要比「臣」金貴得多。「奴才」，實際是一種滿洲人主奴之間的「自家稱呼」，非「自家人」的漢人是沒有資格這樣稱呼的。

魯迅先生的雜文《隔膜》裡的一段話，也印證了這個問題，他說：「滿洲人自己，就嚴分著主奴，大臣奏事，必稱『奴才』，而漢人卻稱『臣』就好。這並非因為是『炎黃之冑』，特地優待，賜以佳名的，其實是所以別於滿人的『奴才』，其地位還下於『奴才』數等。」

理解了兩者之間的差別，才能更深刻地理解那段歷史。幸好，「奴才」之類的詞，已經退出了歷史的舞臺。

兵是兵
勇是勇

　　現在經常可以看到清朝時期的歷史劇，細心的話，就會發現電視上有些士兵身上穿著帶有「兵」字的衣服，而有些士兵身上的衣服卻是帶著大大的「勇」字，為什麼不相同呢？難道是道具師不小心弄錯了？其實，這一小小的細節中也藏有一些的學問。

　　史載「兵」是清代國家的常備武裝力量，分為八旗軍和綠營軍。

　　八旗軍為滿兵，綠營兵則是為彌補滿軍的不足，不得不徵用八旗之外的漢兵，這種軍隊以綠旗為標誌，以營為建制單位，故稱綠營兵。

　　八旗軍同綠營兵雖然使命相同，都是保家衛國，但主次不同，朝廷倚重不同。按定制：八旗兵

大部分衛戍京師，為國家精銳部隊，掌管京師安全；綠營兵則遍佈全國各地，數量要比八旗兵多幾倍乃至幾十倍。

待遇方面則綠營兵比八旗兵差遠了，通常影視劇上浩浩蕩蕩的大軍都是綠營兵而非八旗兵。

由於康熙年間大清朝建立不久，力圖以和為貴，於是軍備廢弛，委靡不振。八旗兵丁地位高，待遇好，長期處於養尊處優的地位，以至於三藩起事時難振軍威，鎮壓三藩的功勞主要屬於綠營兵。

順治以後綠營兵日漸取代八旗兵的主要地位。直到雍正即位後，致力於整頓軍風，八旗兵的戰鬥力才得以提高。

「勇」則不同。勇又叫「鄉勇」，是由於軍事的需要而臨時招募的軍隊，以補八旗、綠營之不足，戰事完了即解散，他們並不是國家正式的軍隊。直到清末太平天國時，曾國藩以團練起家，才改非正式的鄉勇為練勇（即湘軍），定兵制，發餉

糧，稱爲勇營。從此，「勇」和「兵」一樣成爲國家的正規軍主力。

爲了相互區別，朝廷規定八旗兵和綠營兵著「兵」服，而勇營著「勇」服。

Truth That Can Never Be Revealed

Chapter 5

回到古代「e」時代

蘇東坡
也用網路流行語

有一個詞相信大家在上網時都用過，那就是
「呵呵」這兩個字。

在開心時，用「呵呵」；不想回答問題時，用
「呵呵」；在無話可說時，用「呵呵」；沒事「呵
呵」兩聲，代表自己的存在。

但是，不要就此認為「呵呵」是現代網路產
物，翻閱一下蘇東坡的信札你就會發現，原來「呵
呵」一詞在古代也很流行，蘇東坡早就將它用在書
信中了。

熙甯八年，蘇東坡在講自己寫《江城子·
密州出獵》時很得意，在《與鮮於子駿》寫道：
「近卻頗作小詞，雖無柳七郎風味，亦自是一家。
呵呵。」意思是我的小詞雖然沒有柳七郎那麼

「紅」，但也自成一家。

元豐元年，蘇東坡跟文與可開玩笑，在《與文與可》一信中寫道：「不爾，不惟到處亂畫，題雲與可筆，亦當執所惠絕句過狀索二百五十疋也。呵呵。」意思是，文與可如果不給自己畫畫的話，蘇東坡就要自己到處去亂畫，而且還要署上文與可的名號，或者拿著他給自己承諾畫畫的絕句去告狀，要索賠250匹布帛。

黃州時期，蘇東坡又在《與陳季常》一信中寫道：「一枕無礙睡，輒亦得之耳。公無多奈我何，呵呵。」

信中蘇東坡吹牛：只要自己晚上睡得好，陳季常要自己和的詞，一會兒就能搞定，難不倒他。

在字裡行間，我們看到一個率真、孩子氣的蘇東坡，很愛開玩笑。

後來，他的朋友文與可在陳州去世，蘇東坡聽到消息後，悲痛異常，痛哭失聲，寫道：「元豐

二年正月二十日，與可沒于陳州。是歲七月七日，予在湖州曝書畫，見此竹廢卷而哭失聲。昔曹孟德《祭橋公文》，有『車過』、『腹痛』之語。而予亦載與可疇昔戲笑之言者，以見與可於予親厚無間如此也。」

蘇東坡便是這樣一個性情中人，友人在世時親密無間，任意調笑，百無禁忌，而友人去世後，悲痛異常，甚至痛哭失聲。

不過，話說回來，「呵呵」這個如今流行的網路用語，古代就已被使用過了。所以，千萬別隔著門縫看待古人，古人也是很現代的。

古代
已有「曬客」

「曬客」，一個網路新詞，來自英文（share），就是把自己的生活、經歷和心情展示在網路上，與他人分享的人群。

有工作的曬工資，當學生的曬成績，收藏家曬寶貝，會做飯的曬廚藝……

如今，「曬客」現象在網路上大肆流行，其實早在唐朝，詩人白居易就用詩的語言將他的工資「曬」過了。

在唐德宗貞元年間（785～805年），32歲的白居易被授校書郎，算是步入了仕途，他在詩歌中寫道：「幸逢太平代，天子好文儒。……小才難大用，典校在秘書。……俸錢萬六千，月給亦有餘。……遂使少年心，日日常晏如」。不久，白居

易便升左拾遺，工資跟著增加了一倍，「月慚諫紙兩千張，歲愧俸錢三十萬」。

而後，54歲的白居易任蘇州刺史，因為蘇州是江南頭等富庶的地方，再加上白居易資歷比較老了，可以說那時候他的工資已經比較的豐厚了。「十萬戶州尤覺貴，二千石祿敢言貧」。

在白居易為賓客分司時，曰：「俸錢八九萬，給受無虛月。」「嵩洛供雲水，朝廷乞俸錢。」「老宜官冷靜，貧賴俸優饒。」「官優有祿料，職散無羈縻。」「官銜依口得，俸祿逐身來。」看得出來，他當時的收入相當可觀。

隨後，白居易調進中央政權機關，為太子賓客，分司洛陽時，工資已是他剛工作時的十倍。「俸錢八九萬，給受無虛月。」接著，升為太子少傅，工資達到他一生的最高，「月俸百千官二品，朝廷雇我作閒人」，而且工作還相當清閒自在，很是令人羨慕。

一直到了晚年，退居林下，回到洛陽履道裡的大宅子頤養天年，還能領到百分之五十的養老金，「壽及七十五，俸占五十千」，已經很不錯了。

退休後，白居易在洛陽龍門一帶，經常請客聚會，四處遊玩，賞花吟月，晚景十分愜意。

北宋的蘇軾還寫過一首詩，提到了「我甚似樂天，但無素與蠻」，他認為自己與白居易同樣很浪漫，但沒有白公擁有的兩位女子素與蠻，一位善舞，一位能歌，都是相當漂亮的年輕女子。這可讓蘇東坡著實羨慕。

在古代，文人往往自命清高，恥於提到「錢」字，認為錢是俗物，認為風花雪月才是高雅。例如：晉代王夷甫便為人清高，終生不言錢字。他老婆便故意激他，於是用錢將他的床團團圍住，使他下不了床，他便招呼奴僕移開堆積的錢，他老婆就想看他怎麼能不說出這個「錢」字。

可是王夷甫死都不說，怕玷污了他的清高，

而曰「阿堵物」。「阿堵」是當時的口語，意思是「這個」。而「阿堵物」本意即「這個東西」。

　　白居易將他的工資用詩描述出來，在小小得意的同時，也顯示出了詩人另類的風雅。

宋朝

流行「小報」

　　小報，就是民間私營的報紙，與公報區別開來。令現代人跌破眼鏡的是，小報這種看似現代產物的事物在宋朝便已出現，並迅速流行開來。

　　在出現小報之前，先讓我們來瞭解一下古代具有政府公報性質的「邸報」，又叫「朝報」。

　　邸報是古代政府用來向下發佈命令、書詔、章表、辭見等方面內容的公開印刷品。它在朝廷的直接管理下統一發佈。到了宋代，邸報已經具有中央政府公報的性質，因此又有「朝報」之稱。

　　邸報的傳播內容主要是皇帝的諭旨、臣僚的奏摺、官臣任免、宮廷動態等公告性材料；主要由朝廷及其他官方機構發佈，古代還沒有獨立的報業行業（也就是說沒有出版業）；邸報的形式單一，只

是材料的簡單堆砌，沒有分欄，沒有標題，沒有分版面，沒有廣告，只是特別短小的消息，甚至短到如我們當今的標題新聞。

朝廷對其內容嚴格把關，凡是有損帝王威望，影響社會秩序的消息，都不予刊登出來，完全反映統治階級的意志。在這種耳目閉塞，百姓急於瞭解形勢的情況下，「小報」便應運而生。

北宋後期，就有人假冒「朝報」的形式，私自發行報紙。到了南宋，私營的「小報」十分流行。

小報未經官方審查，在民間私自傳抄或刊印，它的新聞內容來自官方，但是由於傳播者各取所需，所以內容少不了一些捕風捉影的材料，真假難辨，被官方禁止。

自小報產生起，當局就將其視為非法出版物。儘管政府三令五申，措施嚴厲，卻始終未能將小報禁絕，有時反而愈禁愈盛。

小報始於北宋、盛於南宋，當時時局紛紜，

人心惶惶，人們都急於瞭解局勢的發展、政府的對策，官報上消息閉塞，人們更期待從小報上瞭解情況。「大道不通小道通」，小報的產生和流行，正是政府封鎖新聞的結果。

古代考生
也作弊

科舉制度是中國歷史上的官員選拔制度，它始於隋，止於清末，前後歷經一千多年，為朝廷選拔、輸送了許多優秀人才。

令人意想不到的是，作弊並非現代獨有，在古代，就有許多古代學子禁不住「十年寒窗無人問，一舉成名天下知」的誘惑，研究出了各種各樣的考場作弊手段，這些作弊手段與現今的高科技相比，一點都不遜色。

有人收藏了一套完整的清朝道光年間考試作弊工具。這套作弊工具共9卷本，均長4.5厘米，寬3.8厘米，厚0.5厘米。

每卷本內約有10餘篇文章，共10多萬字，並配有一雙可藏匿卷本於鞋內底層的加厚底男布鞋。讓

人稱奇的是，卷本內文字約有1毫米見方，使用牛角刻版印刷而成，可見當時作弊手段高超，並形成規模。

另外，在一場拍賣會上，出現了一件清朝末年間的「作弊坎肩」，在坎肩上面，有用毛筆抄寫的四書五經。

坎肩看上去是用麻布做的，尺寸不大，可以推測這件坎肩的主人並不胖，個頭約170公分左右。但是有一點是可以肯定的，他的眼力一定特別好。因為坎肩上的字，最大也不過三、四釐米寬。

現場還出現另外兩件「小抄」，都是一尺見方的絹，上面同樣抄滿文字，其中一塊正反面都是字，而且字體更加小。

據有關專家說，這樣的「小抄」以前聽說過，但是將「挾帶」做成坎肩兒樣式的極為少見，目前存世則更為稀少。從這3件「小抄」上可以看出，清朝末年的政治腐敗，為仕途各位舉人可謂煞

費苦心。

　　這些作弊器具讓今人大跌眼鏡，手藝之精，用心之巧，令人歎爲觀止。但是在科舉制度已滅亡的今日，作弊依舊活躍，有考試便會出現作弊，它們之間總是存在難以理清的關係。

身分證
古已有之

　　身分證，能證明一個人的身分，它是目前一個人使用頻率最高的證件之一。

　　身分證由來已久，但是它並非現代產物，它的歷史可以追溯到隋朝。

　　但是真正意義上的身分證，還數唐太宗李世民在貞觀年間為官員們頒發的「魚」符。

　　這是一種用木頭或金屬製成的，其形為魚狀，分為左右兩片。

　　魚符上面刻有官員們姓名，在何衙門任職、官居幾品、俸祿幾何等。同時還特別規定：五品以上的官員，備有盛放魚符的袋，稱為「魚袋」。

　　魚符的重要用途，是證明官員的身分，以供官員出入宮門驗證。這比隋代僅有姓名、官品的身分

證要完整得多。

魚符到了武則天如意元年（692年），改為外形為龜狀的「龜符」。

魚袋為龜袋，其用途與魚符相同，同樣用以證明官員們的身分。規定三品以上龜袋用金飾，四品用銀飾，五品用銅飾。

可見，金龜既可指用金製成的龜符，還可指以金作飾的龜袋。但無論所指為何，均是親王或三品以上官員。後世遂以金龜婿代指身分高貴的女婿，這便是人們口中常說的「金龜婿」的由來。

宋代承襲唐制，但龜符被廢棄，不過仍佩魚袋，在袋內記載官員們的姓名、職務、官品等項，這樣一來，它比唐代的魚符更為便捷和實用。

明代時，「身分證」改用「牙牌」。所謂牙牌，是用象牙、獸骨、木材、金屬製成的牌，牌上刻有持牌人名稱，官員姓名和履歷等，它與現代通用的身分證已經非常接近了。

據明人陸容《寂園雜記》記載，牙牌不但官員懸之，凡在內府出入者，不分貴賤均需懸牌，以別嫌疑。由此可見，明代的「身分證」的使用已發展到社會中下階層了。

古人也會
「心理療法」

　　談到心理療法，人們都認爲是近代醫學的心理療法，而不瞭解中國自古以來就有很多優秀的心理醫生，古代的名醫也會利用心理療法來幫病人治「心病」。

　　中醫史上流傳下來許多奇聞佳話，讓人在驚笑的同時，也讓人更深刻地體會到中醫的博大精深。

　　例如在清朝時期，就有這麼一位巡按大人，患了精神抑鬱症，終日悶悶不樂，愁眉不展，幾經治療都沒效果，病情卻一天天嚴重。經人舉薦，一位老中醫前往診治。

　　老中醫望聞問切後，對巡按大人說：「你得的是月經不調症，調養調養就好了。」巡按聽了捧腹大笑，笑這老中醫是個庸醫，連男女都分不清。後

來，每想起此事，仍不禁暗自發笑，久而久之，抑鬱症竟好了。

一年之後，老中醫又與巡按大人相遇，這才對他說：「君昔日所患之病是『鬱則氣結』，並無良藥，但如果心情愉快，笑口常開，氣則疏結通達，便能不治而愈。你的病就是在一次次開懷歡笑中不藥而治的。」巡按這才恍然大悟。

在明朝，名醫李時珍也運用過心理療法。

曾有個自認為得了腹瀉的病人來到李家門前，請求李時珍一定要幫他看病。

李時珍為他把了脈，發現並無大礙，只需靜養兩日，恢復體力便可，於是讓他回去。

誰知病人不信，死活不肯甘休，一定要李時珍幫他開些藥才行。

李時珍想了想，就在路邊拔了幾根草，交給病人並告訴他回家洗淨用水煎服即可。

幾日後，那人體力漸漸恢復，變得有生氣起

來，歡喜地來答謝李時珍時，才知道李時珍只是給
了他幾根沒有藥性的野草而已，不是什麼藥，但也
不得不佩服李時珍，無藥勝有藥。

再把時光機器往前推進，就會發現，早在戰國
時期，就已經出現「心理療法」的蹤影。

傳說齊閔王患了憂鬱症，請宋國名醫文摯來診
治。文摯詳細診斷後對太子說：「齊王的病只有用
激怒的方法來理療才能治好，如果我激怒了齊王，
他覺對會把我殺死的。」

太子聽了懇求道：「只要能治好父王的病，我
一定會保證你的生命安全。」文摯推辭不過，只得
應允，文摯與齊王約好看病的時間，結果第一次文
摯沒有來，又約第二次，二次沒來又約第三次。第
三次同樣失約，齊王勃然大怒，痛罵文摯不止。

過了幾天文摯突然來了，而且不行禮，也不
脫鞋，就來到齊王的床鋪上問疾看病，並且盡說一
些粗話野話。齊王實在忍耐不住了，便起身大罵文

摯，這一怒一罵，鬱悶一瀉，齊王的憂鬱症一下子就好了。

俗話說得好：「解鈴還需繫鈴人，心病還需心藥醫。」只有自己才能幫助自己，心理作用有時確實能有著關鍵的作用。

中國古代
已有「分餐制」

中國人吃飯喜歡「大團圓」，哪怕再多人，也要圍坐一張桌子湊個熱鬧。一直以來，人們都認為這是中國自古以來的傳統，而科學、衛生的分餐制是西方人發明的。

分餐習俗源於西方？這是錯誤的！其實早在周秦漢晉時代，就已實行「分餐制」了。

據《史記·孟嘗君列傳》記載，齊國的孟嘗君廣招天下賓客，對前來投奔他的數千名食客，不論貴賤，一視同仁，都和自己吃同樣的食物。

某日，孟嘗君宴請新來投奔的俠士。宴會中，有一個侍從無意中擋住了燈光，俠士認為這裡面大有文章，一定是自己吃的膳食與孟嘗君的不一樣，不然侍從何以要遮住燈光呢？於是此人非常憤

慨，欲離席而去。孟嘗君為說明真相，親自端起自己的飯菜給俠士看，以示大家用的是同樣膳食。真相大白後，俠士羞愧難當。

另外，《陳書‧徐孝克傳》記載，南朝陳國的國子祭酒徐孝克在陪侍陳宣帝宴飲時，對擺於面前的饌食連一口都沒吃，可是散席後他面前的食物卻明顯減少了。

原來，他是將食物悄悄帶回家孝敬老母。宣帝很感動，於是下令以後參加御宴，凡是擺在徐孝克案前的食物，他都可以堂而皇之地帶回家。

上面兩個小故事可說明當時是一人一份的「分餐制」，否則不會發生這些有趣的故事。

從古代的繪畫資料和考古發掘中，也可以找到隋唐以前實行分餐制的實證。從出土的漢墓畫像石和畫像磚中，均可見到席地而坐，一人一案的宴飲場景。

只是到了唐代，才漸漸演變為合餐的「會食

制」，其主要原因是由於高桌大椅的出現。

少數民族的椅凳傳入中原，當時叫「胡床」、「胡座」，餐桌腿椅腿全都變高了，圍桌就餐的形式開始普及。但此後的民間親友歡聚，有時還採用「分餐」的辦法。

北宋何遠的《春渚紀聞》記載過一次「鄰人小席」，各菜都由侍從分到每個盤裡。

直至明朝，眾人合吃的「會食制」才完全取代「分餐制」，並在圓桌上產生了長幼尊卑、主賓陪副的又一種飲食文化來。

煙火禁放
始於紫禁城

「爆竹聲中一歲除，春風送暖入屠蘇，千門萬戶曈曈日，總把新桃換舊符。」在新年到來之際，家家戶戶開門第一件事就是放爆竹，以熱熱鬧鬧的爆竹聲除舊迎新，人們為了增加節日的喜慶氣氛，從初一到十五，更是大量地燃放煙花爆竹。

但是，在熱鬧的同時也帶來了一些隱患，如火災事故、人身傷害，還有空氣污染等嚴重後果，所以以前的人們便針對這些問題頒佈了「禁放令」，而北京紫禁城是最早的禁放區。這要追溯煙火禁放的歷史，得從兩次著名的皇室火災說起：

在永樂十三年（1415年）正月，北京皇宮尚未完工，明成祖在已建成的午門城樓上觀賞大型煙花，因鼇山搭建過高，距午門過近，燃放時忽來一

陣大風，致使午門城樓被引燃，燒死很多人，還燒死一位率兵救火的都督馬旺。

這場北京皇宮的首次大火，在《明史・成祖本紀》記載爲「十三年春正月……壬子，北京午門災」。

據《日下舊聞考》記載，嘉靖四十年（1561年11月25日）夜，嘉靖皇帝在寢殿的貂皮帳幕中與新寵倖的尙美人燃放小煙花取樂，不料將帳幕引燃，大火蔓延燒毀了整座永壽宮。

可以看出，北京地區燃放煙花爆竹的習俗由來已久。曾有記載說，元大都的商人在街頭路口，用葦席搭建售貨大棚，出售「煙花爆仗之屬」。這些商人售賣花炮會直至正月十六日。

後來，清代皇家便吸取了明朝時宮中火災的教訓，由康熙大帝一紙聖諭，下令將燃放煙花的場所移到西郊園林，於是紫禁城成爲歷史上第一個「禁放區」。

所以，禁放煙火的歷史並非僅僅數十年，而是早在300多年前，「禁放區」便已經出現在紫禁城中。

古人行銷廣告
戰術不遜今人

隨著近年來廣告學的發展，很多人都會誤以為廣告是從國外傳入的東西，其實，中國在古代就已經有了廣告，其形式多樣絲毫不遜於今人。

西周時期，就已經開始出現了聲音廣告。《詩經》裡就有「簫管備舉」的詩句，據漢代鄭玄注說：「簫，編小竹管，如今賣餳者吹也。」

唐代孔穎達也疏解說：「其時賣餳之人，吹簫以自表也。」由此可見，西周時賣糖食的小販就已經懂得以吹簫管來招攬生意了。

繼聲音廣告之後而出現的就是「懸幟」廣告。《韓非子》中「宋人沽酒，懸幟甚高」，即在一根竿上綴布和綢子，並在布綢上寫上白的或黑的字，然後再把竿豎立在店前。

這種吸引顧客的廣告形式在後來得到了發揚光大，如張籍的「長干午日沽春酒，高高酒旗懸江口」，杜牧「千里鶯啼綠映江，水村山郭酒旗風」，白居易的「細草岸西東，酒旗搖水風」，劉禹錫的「酒旗大堤頭，堤下牆堤上樓」等詩句就體現了當時「懸幟」廣告欣欣向榮的景象。

在大家熟知的《水滸傳》中，武松打虎前的酒店掛著旗幟——三碗不過岡，是比較典型的旗幟廣告。在古代旗幟廣告比較普遍常見，就像今天的海報。除了酒旗外，其他行業也有各種標誌性的廣告形式。

據《費長房》中說「市有老翁賣藥，懸壺於肆頭」，即用葫蘆作為藥鋪的象徵性標誌，懸掛街頭或藥鋪的門前作為形象廣告標誌。這些「懸旗」、「懸壺」給人以非常醒目的視覺效果，用現代話說，就是「招牌廣告」。透過這些象形的「招牌廣告」，連目不識丁的人也能知道商店經營的品種。

有商貿就有廣告，古代的廣告，類型繁多，很多沿用至今，古人的行銷戰術和智慧一點不遜今人。

　　《楚辭·天問》記載：「師望在肆……鼓刀揚聲。」《楚辭·離騷》記載：「呂望之鼓刀兮，遭周文而得舉。」呂望、師望即姜太公，他在被文王起用之前，曾在朝歌做買賣，敲打屠刀以招徠賣肉生意。

　　北宋《東京夢華錄》還記載：「是月季春，萬花爛漫，牡丹芍藥，棠棣香木，種種上市，賣花者以馬頭竹籃鋪開，歌叫之聲，清奇可聽。晴簾靜院，曉幕高樓，宿酒未醒，好夢初覺，聞之莫不新愁易感，幽恨懸生，最一時之佳況。」因叫賣廣告朗朗上口，後來還發展成為一種口頭說唱藝術，流傳至今成為現代文藝廣告的淵源。

　　不僅如此，古代的廣告詞也非常有水準。宋代紹聖年間，蘇東坡被貶至海南儋州，就曾為一賣餅

老嫗寫了一首廣告詩，詩雲：「纖手搓來玉色勻，碧油煎出嫩黃深。夜來春睡知輕重，壓扁佳人纏臂金。」此外，為了推廣自己被貶至湖北黃州時所創的「東坡肉」，他曾寫過一首很出名的廣告詩《食肉歌》：「黃州好豬肉，價錢如糞土，富者不肯吃，貧者不解煮。慢著火，少著水，火候足時它自美。每日起來打一碗，飽得自家君莫管。」

　　「詩仙」李白也曾為山東蒼山出產的「蘭陵美酒」寫下一首題為《客中作》的「廣告詩」：「蘭陵美酒鬱金香，玉碗盛來琥珀光。但使主人能醉客，不知何處是他鄉。」寥寥二十八個字，就讓人未喝先醉了，可謂古代廣告語中的曠世佳作，絲毫不比今天的廣告策劃人員差。

　　另外還有一個非常著名的廣告故事生動地說明了古人高超的廣告創意。據《晉書·王羲之傳》記載，大書法家王羲之在街上遇到一位賣扇子的老婦。王羲之見沒人買老婆婆的扇子，非常同情，於

是就徑直走到老婦跟前，話也不說，在每柄扇子上都寫了幾個字。老婦不知他是何人，頓時面露慍色。王羲之說：「但言是王右軍書，以求百錢邪。」不出所言，人們競相高價來買老婦的扇子。一時傳為佳話。

可見古人的廣告意識、廣告戰術絲毫不比今人差，值得我們今人學習借鑒。

古人已有 環保意識

　　現在，很多國家開始反思工業發展帶來的環境問題，並紛紛訂立了一系列環境保護法。於是，在很多人眼裡，以為環保觀念是現代才出現的，卻不知，古人早已懂得愛護環境。

　　在古代，人們已經有了很強烈的環保意識，如蘇頌在《本草圖經》就憂心忡忡地談到了丹砂對水的污染。「春州，融州皆有砂，故其水盡赤，每煙霧鬱蒸之氣，赤赤黃色，土人謂之朱砂氣尤能作瘴癘，深為人患也。」

　　荀子非常重視生物與環境之間的依存關係，他說：「樹成蔭而眾鳥息焉，硫酸而蟎聚焉。川淵深而魚鱉歸之，山林茂而禽獸歸之。川淵枯則龍魚去之，山林險則鳥獸去之。」

而《淮南子》則主張要想獲得更多更好的自然資源，人類就要優化環境，「欲致魚者先通水，欲致鳥者先樹之，水積則魚聚，木茂則鳥集」。提出了可持續發展的生態觀念。《周易》中寫到「井甃無咎……井冽，寒泉食」，即井被污染了，不應該消極地捨棄不用，而應該進行修理整治，使之變成「井冽，寒泉」。

　　不但在思想上關心環保，古人還用法律來保護環境。如夏代的「禹之禁」規定：「春三日山林不登斧斤，以成草木之長，入夏三日，川澤不施網罟，以成魚鱉之長，不麛不卵，以成鳥獸之長

　　更令今人想不到的是，古人的環境保護甚至不惜動用嚴刑峻法。據《韓非子》記載，商代「殷之法，棄灰於公道者斷其手」。隨地亂倒垃圾是要被砍手的。

　　秦國商鞅變法，這一條文更被改為「棄灰於道者被刑」，真是令人不寒而慄。同時，歷朝還設立

了「林」、「虞」、「牧」等環境管理的官員。

另外，古人還發明一些綠色環保用具來保護環境。例如1983年山西朔縣西漢墓出土的「雁魚燈」就是非常科學的環保產品。它的外形是一隻體態豐滿的大雁，短尾上翹，雙腿直立，脖頸向上延伸，然後回首張口，銜住一條肥魚。

大雁的背部還馱著燈盤、燈罩，其中燈罩的上邊剛好卡在魚的腹內。魚和大雁的身體都是空心的。當燈盤上的燈油點燃後，所產生的油煙被燈罩擋住，不能亂飛，只能向上進入魚的體內，再經過大雁的頭部、脖頸，到雁的腹腔。由於人們早已在雁的腹腔裡注進了一些清水，那些煙塵便自然溶入雁腹裡的清水中。

這種帶有煙管的燈，在漢代是比較多見的，其類型也是多種多樣，目前已見到的有人形、牛形、鼎形、鳳凰形等，根據燈上的銘文，這種燈在漢代被稱爲「燈」，而且這一名稱延續到宋代。

唐朝已有
「老公」、「老婆」的稱呼了

　　老公、老婆是對丈夫妻子的叫法。實際上，老公老婆這個稱呼在唐朝時就已經有了。

　　據說，唐朝時有一個叫麥愛新的讀書人，考中功名後就開始嫌棄妻子年老色衰，想再納新歡。於是，寫了一副上聯放在案頭：「荷敗蓮殘，落葉歸根成老藕。」

　　妻子看到後，從聯意中覺察到丈夫有了棄老納新的念頭，便提筆續寫了下聯：「禾黃稻熟，吹糠見米現新糧。」以「禾稻」對「荷蓮」，以「新糧」對「老藕」，不僅對得十分工整貼切，新穎通俗，而且，「新糧」與「新娘」諧音，饒有風趣。

　　麥愛新讀了妻子的下聯，被妻子的才思敏捷所打動，便放棄了棄舊納新的念頭。妻子見丈夫回

心轉意，不忘舊情，乃揮筆寫道：「老公十分公道。」麥愛新也揮筆續寫了下聯：「老婆一片婆心。」

於是，這個故事很快流傳開來，並傳為佳話，從此，漢語中就有了「老公」和「老婆」這兩個詞，民間也有了夫妻間互稱「老公」、「老婆」的說法。

古代的 ───────
「羅馬假日」

　　有的人以為連續假期是現代才出現的休假方式，其實，古代早已有了這樣的休假制度。

　　漢朝至隋朝，官員每五日放假一日，謂「休沐」，意即沐浴和休息。

　　唐朝至元朝的休息日定成「十天」，叫「旬假」；唐、宋時期，最長的連續假期是新年和冬至，各放七天；明、清時期由欽天監的官員選擇臘月二十日左右的一天，作為全國官員「封印」的日子，停止辦公；大約一個月之後，又會宣佈另外一天來「開印」。

　　白居易《蘇州郡齋旬假命宴》有詩曰：「公門日兩衙，公假月三旬。衙用決簿領，旬以會親賓。公多及私少，勞逸常不均。況為劇郡長，安得閒宴

頻。下車已三月，開筵始今辰。初黔軍廚突，一拂郡榻塵。既備獻酬禮，亦具水陸珍。萍齏若溪醯，水膾松江鱗。侑食樂懸動，佐歡妓席陳。風流吳地客，佳麗江南人。歌節點隨袂，舞香遺在茵。清奏凝未闋，酡顏氣已春。眾賓勿遽起，群僚且逡巡。無輕一日醉，用犒九日勤。微彼九日勤，何以治吾民。微此一日醉，何以樂吾身。」

在交通不便的古代，湖南被稱為「四塞之地」，有「重湖之險」，為唐宋兩代理想的旅遊勝地。杜甫曾以詩記錄了長沙「連續假期」期間的盛況：「著處繁華矜是日，長沙千人萬人出。渡頭翠柳豔明眉，爭道朱蹄驕齧膝。此都好似湘西寺，諸將亦自軍中出……」熱鬧程度可見一番。

南宋著名詞人姜夔在長沙至少度過了兩個難忘的「假期」。他的第一個「假期」是在南宋淳熙十三年（西元1186年），行至橘樹竹林的曲徑中，看到數十株官梅在冰天雪地裡綻放，於是登上定王

台，遠望嶽麓山，想起曾經在西樓雅集的熱鬧情景，而眼前景色淒冷，遂寫下「古城陰，有官梅幾許」的著名詞作。

他在長沙過的第二個「假期」在「七月十五」，是「風高浪快，萬里騎鯨背」，乘舟放於江流之上賞月的一個絕佳時日。

當時，有個朋友在長沙承擔類似於今天交通局局長的職務，專門負責管理湘江水面上的船隻。這位朋友請他和一幫朋友坐上大船，浮於湘江之上，放乎中流，朋友們在船上或彈琴，或浩歌，或自酌，或寫詩，薑夔作了一首很不錯的詞《湘月》：

「五湖舊約，問經年底事，長負清景。暝入西山，漸喚我、一葉夷猶乘興。倦網都收，歸禽時度，月上汀州冷，中流容與，畫橈不點清鏡。

「誰解喚起湘靈，煙鬟霧鬢，理哀弦鴻陣。玉麈談玄，歡坐客、多少風流名勝。暗柳蕭蕭，飛星冉冉，夜久知秋信。鱸魚應好，舊家樂事誰省。」

宋代的張祁放筆寫道：「春過瀟湘渡，真觀八景圖。雲藏岳麓寺，江入洞庭湖。晴日花爭發，豐年酒易沽。長沙十萬戶，遊女似京都。」

還有，大文豪蘇軾曾在京城汴梁（今河南開封）為官，負責檔案管理和修訂歷史。蘇乃文章高手，十天就能輕鬆完成全月任務。但當時官府也實行「簽到制」，要求他早上簽到、晚上值班，這就讓他很不自由了。

東坡就盼望「旬末」，一到這一天他就可以到處遊逛。當時的汴梁城，很是繁華昌盛，熱鬧非凡。蘇軾逛膩了汴梁城後，逢每年的春節、寒食和冬至長假時，便利用這些假期，到處遊山玩水開闊眼界，由他的作品可知，他的許多佳作都是在遊山玩水之際完成的。

後來蘇軾調任杭州知府，上任時恰逢冬至連續假期，各大景區遊人如織，他就避開旅遊高峰地段，選擇到人跡罕至的吉祥寺遊覽，留下「何人更

似蘇夫子，不是花時肯獨來？」的名句。

　　幾年後他又調黃州任職，節假日自然沒少光顧附近名勝古跡，有一年七月假期，東坡獨自南下湖北，泛舟赤壁探古訪幽，所謂「誦明月之詩，歌窈窕之章」（《前赤壁賦》），甚是逍遙。

唐代婚姻
你若無心各自飛

　　隨著法律制度的健全，離婚協議書逐漸成為一種常見的法律公文，很多人也以為離婚協議書是近代才出現的新生物，更不會想到在宣導一女不侍二夫的封建制度下，居然也會有離婚協議書。實際上，在唐朝時就已經出現了「離婚協議書」。

　　從敦煌出土的離婚協議書，即「放妻協議」。此「協定」的內容是：

　　「凡為夫婦之因，前世三生結緣，始配今生之夫婦。若結緣不合，比是冤家，故來相對⋯⋯既以二心不同，難歸一意，快會及諸親，各還本道。

　　願妻娘子相離之後，重梳嬋鬢，美婦娥眉，巧逞窈窕之姿，選聘高官之主。解怨釋結，更莫相憎。一別兩寬，各生歡喜。」

譯文大意是：如果我們結合在一起是錯誤，不如痛快地分手來得超脫，希望你重整山河再攀高枝，也勝過兩人看不順眼互相擠對。離了之後，希望妳打扮得漂漂亮亮的，再找個好人家……

從這份協議書中我們不難看出，這是一份類似於我們今天的離婚協議，夫妻因感情不和離婚，於是請來雙親父母和親戚朋友，做此見證，好聚好散，最後，男方還不忘給妻子一些美好的祝願。

而在以往的歷史記載中，在中國歷史的多數時期，女子一直是處於被壓迫地位，很多朝代婦女沒有離婚自由，男子可以任意「休妻」、「出妻」，女子卻只能忍受。

同時，女子被「休」、被「出」，被認為是奇恥大辱，改嫁更是「喪失貞節」。

於是我們以為古代女子在婚姻方面都是非常悲慘被動的局面，但是這份唐朝的「放妻協議」卻告訴我們：並不是古代所有朝代女子的地位都是那麼

低下的，在《秋胡》中，秋胡幾年不歸，秋胡母就勸秋胡妻：「不可長守空房，任從改嫁他人。」

婆婆竟然主動勸媳婦改嫁。可見唐代屬「開放型」社會。

《唐律戶婚》對離婚有三條規定：

一、協議離婚。指男女雙方自願離婚的所謂「和離」，「若夫妻不相安諧而和離者，不坐」。

二、仲裁離婚。指由夫方提出的強制離婚，即所謂「出妻」。

三、強制離婚。夫妻凡發現有「義絕」和「違律結婚」者，必須強制離婚。

從史實來看，提出離婚者也不只是夫方，妻方提出離婚的也不在少數。女方再嫁也不為失節。這從唐代婦女不以屢嫁為恥中看得很明顯。

唐代公主再嫁的就不在少數。從唐看，離婚改嫁和夫死再嫁習以為常，並未受貞節觀念的嚴重束縛，它與前朝的「從一而終」和後代的「餓死事

小，失節事大」形成鮮明的對照。而這份敦煌出土的「放妻協議」則被認為凸顯了唐代的婚姻制度。

唐史研究專家說：「古代曾有女子覺得丈夫沒有出息，鬧到官堂要求離婚，當官者訓斥該女子不應如此，但該女子仍然堅持離婚，最後當官者只得判離，可見在古代女子離婚並不如我們想像中困難。古代放妻書的存在，說明古代人比較重視感情在婚姻中的作用，在放妻書中多以感情不合為理由，有時還會出現『今後將孤燕單飛』等表達悲傷的句子。當然如果真的悲傷就不會離婚了，這或許只是表面文章，所以說有時放妻書只是範文作用，在休妻的時候使用。」

事實上古代妒婦、懼內、離婚的事情在各個朝代都有，只不過唐朝的婚姻制度給人感覺更自由一些，高層離婚比較容易實現，比如太平公主就成功了。

雖然不能確定協議書的具體年代，但它的存在

卻證明唐末五代宋初時，男女在婚姻問題上是相對自由的。

雖然家中掌事仍然是男性，但婦女地位也沒有我們想像的那樣低。

古代男人
也擦粉

　　通常情況下，很多人都會認為擦粉是女人的
事情，認為在講究大丈夫氣概的古代更是如此。但
是，也許你沒想到的是：古代男人也擦粉。

　　據司馬遷的《史記》記載：「孝惠時，郎、侍
中皆冠貝帶，敷脂粉。」在孝惠帝時郎和侍中的官
員全都擦粉化妝。東漢時剛正不阿的著名大臣李固
也很喜歡擦粉飾貌，《後漢書・李固傳》中記載：
「大行在殯，路人掩涕。固獨胡粉飾貌，搔頭弄
姿，盤旋偃仰，從容治樂。」

　　著名的玄學家何晏，是東漢末年大將軍何進
之孫。少年時代就被曹操收養，曾曆官尚書、典選
舉，而且還娶魏國的公主為妻，他與夏侯玄、王弼
等宣導玄學，開一時之風氣。在漢儒經學漸失統治

作用之後，何晏把老莊之學引入到儒教學說中來，宣稱「天地萬物以無爲本」，主張君主無爲而治，著有《道德論》、《無名論》、《無爲論》和《論語集解》等書，可謂當時學術界的大師級人物。但是，他也很愛美，非常喜歡擦粉。

《三國志·夏侯惇等傳》裡說：「晏性自喜，動靜粉白不去手，行步顧影。」從這段記載中，我們可以看出，何晏臉白如玉，並不是「天生麗質」，而是經常用粉擦臉的效果。

在很多人都熟知的《顏氏家訓》裡有這麼一段話：「梁朝全盛之時，貴遊子弟，多無學術，至於諺云：『上車不落則著作，體中何如則秘書。』無不熏衣剃面，敷粉施朱，駕長擔車，著高齒屐，坐棋子方褥，憑斑絲隱囊，列器玩于左右，從容出入，望若神仙。」

在南北朝時期，貴族子弟還把擦粉當成一種流行趨勢，塗脂抹粉把自己打扮得十分漂亮。

除了一般的男人喜歡擦粉，甚至連皇帝都喜歡擦粉。後唐的皇帝李存勗就是其中的一個。李存勗是沙陀族人，父親李克用是唐末與朱溫齊名的大軍閥，曾長期割據河東，受封爲晉王。李存勗繼承乃父遺志，號稱以「三矢」即三支箭報仇定天下。

滅掉朱溫建立後唐之後，李存勗迷上了演戲。據史料記載，李存勗「既好俳優，又知音，能度曲，至今汾晉之俗往往能歌其聲，謂之禦制者，皆是也……常身與俳優雜戲於庭」。他雖然因爲口中連呼「李天下」而被手下的伶人敬新磨打了一耳光，但仍然是樂此不倦。

司馬光的《資治通鑑‧後唐莊宗同光元年》中記載：「帝（李存勗）幼善音律，故伶人多有寵，常侍左右。帝或時自敷粉墨，與優人共戲於庭。」

堂堂的皇帝之尊，如此迷戀演戲和化妝，這也許是後人難以想到的。

清人惲敬的《三代因革論》也記載了前代男

子敷粉的情況，「婦人揄長袂，躡利屣；男子敷粉白，習歌舞」，可見在古代男子擦粉並不是像在現代一樣大驚小怪的事情。

並且更令人難以想像的是，在古代男子可以擦脂抹粉，女子卻不一定可以敷粉。例如南北朝時北國的周宣帝宇文贇就曾下令除了宮中之人外全國婦女不准「敷粉」。《北史·周武帝宣帝靜帝紀》中記載，周宣帝「又令天下車皆渾成為輪，禁天下婦人皆不得施粉黛，唯宮人得乘有幅車，加粉黛焉」。

由此可見，在漫長的中國古代社會中，「敷粉」並非是女人的專利，古代的男人也擦粉來打扮自己。

中國古代
也有木乃伊皇帝

　　一提到木乃伊，很多人一下子就能想起古埃及的木乃伊。其實，中國古代其實也有木乃伊國王，

　　此人就是遼太宗耶律德光。西元927年，25歲的耶律德光成為契丹國的第二代可汗，此時，中原地區正是五代十國的混亂時期，連年戰亂，民不聊生。野心勃勃的耶律德光養精蓄銳，一心想要吞併中原。

　　9年後，機會終於來了，後唐皇帝李嗣源的女婿石敬瑭為了取後唐而代之，以割讓幽雲十六州、歲絹30萬匹、認比自己小10歲的耶律德光為父等為條件，換取耶律德光出兵幫他消滅後唐，並建立了後晉小王朝。

　　石敬瑭死後，他的侄子石重貴繼位。因為不

甘心後晉財富源源不斷流入契丹國庫，石重貴向耶律德光提出了「稱孫不稱臣」的要求，耶律德光大怒，並以此為藉口發兵南侵中原，很快就滅了後晉，在開封建立大遼，自立為帝。

但是中原的百姓並沒有屈服，各路武裝紛紛抗擊契丹侵略者，小股遼兵不斷遭到殲滅，令耶律德光發出「我沒想到中國人如此難制」的感歎，不得不下令撤退。

西元947年，45歲的耶律德光在撤離中原途中染上一種熱疾，太醫讓他遠離女色，他卻將太醫臭罵了一頓：「你們都是不學無術，我得了熱病，正要女色瀉火，怎麼能遠離女色呢。」終因縱欲無度，在走到欒城殺胡林時口吐鮮血，一命嗚呼。

這時，遠在遼國都城上京的述律太后傳來懿旨：「生要見人，死要見屍。」當時正是炎炎夏日，氣溫極高，保存屍體談何容易，著實急壞了伴駕的文武大臣。

正在文武大臣和太醫們束手無策的時候，一位御廚出了一個主意：把皇帝做成「羓」。

　　「羓」到底是什麼呢？原來北方遊牧民族多喜食牛羊肉，有時候殺了一頭牛或羊後，一時又吃不完，碰上夏天，牧民就把牛羊的內臟掏空，用鹽鹵上，就成了不會腐爛的「羓」，相當於中原地區的「臘肉」。

　　這個主意一出，雖然有把皇帝當牲畜處理的意思，但無奈之下，文武大臣和太醫們也只好採用廚師的方法，把皇帝做成「羓」運回上京，所以可憐的耶律德光就成了中國歷史上唯一的「帝羓」──木乃伊皇帝。

■ 謝謝您購買本書，請詳細填寫本卡各欄後寄回，我們每月將抽選一
百名回函讀者寄出精美禮物，並享有生日當月購書優惠！
想知道更多更即時的消息，請搜尋**永續圖書粉絲團**

■ 您也可以使用傳真或是掃描圖檔寄回公司信箱，謝謝。

傳真電話：（02）8647-3660　　信箱：yungjiuh@ms45.hinet.net

◆ 姓名：　　　　　　　　　　　　□男 □女　　　□單身 □已婚

◆ 生日：　　　　　　　　　　□非會員　　　□已是會員

◆ E-Mail：　　　　　　　　　　電話：（　）

◆ 地址：

◆ 學歷：□高中及以下　□專科或大學　□研究所以上　□其他

◆ 職業：□學生　□資訊　□製造　□行銷　□服務　□金融

　　　　□傳播　□公教　□軍警　□自由　□家管　□其他

◆ 閱讀嗜好：□兩性　□心理　□勵志　□傳記　□文學　□健康

　　　　　　□財經　□企管　□行銷　□休閒　□小說　□其他

◆ 您平均一年購書：□ 5本以下　□ 6～10本　□ 11～20本

　　　　　　　　　□ 21～30本以下　□ 30本以上

◆ 購買此書的金額：

◆ 購自：　　　　　　市(縣)

　　□連鎖書店　□一般書局　□量販店　□超商　□書展

　　□郵購　□網路訂購　□其他

◆ 您購買此書的原因：□書名　□作者　□內容　□封面

　　　　　　　　　　□版面設計　□其他

◆ 建議改進：□內容　□封面　□版面設計　□其他

　　您的建議：

剪下後傳真、掃描或寄回至「22103新北市汐止區大同路三段194號9樓之1讀品文化收」

讀好書品嘗人生的美味

那些史上不能曝光的
幕後真相事件簿